自我的追尋

倫理學的心理學探究

埃里希·佛洛姆 Erich Fromm 著

林宏濤——譯

MAN FOR HIMSELF:

AN INQUIRY INTO THE PSYCHOLOGY OF ETHICS

目錄

【推薦序】才要出發去找答案

周偉航（哲學博士）

《自我的追尋》是心理學家佛洛姆最具代表性的倫理學作品之一，但倫理學一直是掌控在哲學家手中的學門。因此這本書的地位就顯得有些尷尬，沒那麼心理學，也沒那麼哲學。

那麼，這是本半調子的書嗎？

不是。從這本書中，可以找出學界因為「尷尬」而錯失的重要研究方向，甚至書中的設想，正可對應近二十年來以心理學理論探討倫理學議題的熱潮。要說清這本書的價值並不容易，不如就從我自己談起。

我是哲學學門出身的倫理學研究者，不過我的研究方向卻沒那麼「哲學」，至少有一半以上的學術著作是跨領域的研究，會被列入「描述倫理學」這個領域。「描述倫理學」是「倫理學」的次分科，主要探討的是真實的道德現象與其背後的成因，除了哲學方法之外，也會運用到大量的社會學、人類學，以及心理學的研究成果。

我所引用、參考的描述倫理學文獻，多半都是一九八〇年代以後的成果，這些社會學、人類學與心理學研究，通常與傳統哲學有非常巨大的落差，「一看就知道是另一種學」。因為主題、方法與治學態度上的差異，有些倫理學者主張應把描述倫理學「踢出去」，讓他們自成一個學門，改名為「描述道德學」。這樣的說法在應用倫理學（這是需要探討大量實際案例的倫理學次分科）興起之後「暫時消音」，但哲學界對於描述倫理學的敵視態度，一直沒有消退過。

為了說清這種敵意，不妨舉個例子來說明這些倫理學的次分科。像「什麼是錯」這種問題，就是探討善惡本質的「後設倫理學」；而像是「為什麼殺人是錯的」，則是「規範倫理學」；以上兩者是倫理學界的研究主流。「為什麼軍人在戰場上殺人也有可能是錯的」，這是應用倫理學，受到特定學門的重視，並由倫理學家支援其教學與理論建構；至於「為什麼大家覺得殺人是錯的」這種問題，則是「描述倫理學」的範圍了。但是，「為什麼大家覺得殺人是錯的」這種討論，聽起來就很有心理學的味道。

相對於哲學和倫理學，心理學在近五十年也有驚人的進步與發展，並且往醫學與生物化學靠近，因此一些關於描述倫理學的討論，也慢慢不再成為心理學研究的主流。結果，很弔詭的狀況就出現了：對於「為什麼大家覺得殺人是錯的」，哲學家認為應該由心理學家來解釋，但心理學家又認為這是哲學家的「業務」，於是就沒人研究了。這不能算是踢皮球，而是一種誤解所造成的錯失，就這樣，許多有趣的議題就在彼此的推讓過程中被擱置，漸漸被遺忘，而隨著學門分化與專精，這種狀況看來只會更嚴重。所幸，除了學界之外，還有許多文化人注意到這種問題，願意將目光焦點放在倫理學「還沒有那麼分化」的時刻，透過重現當時的經典來探問整合各方的可能性。

的確，在描述倫理學剛發展的時期，這個領域並沒有對於方法論上的成見。哲學家還對心理學研究保持一定的興趣，而心理學家也有很豐沛的哲學知識。由現代角度看過去，這些作品顯得相對「原始」，但原始歸原始，這些作品至少有以下的意義。

第一個意義是，即便這些作品中的描述倫理學理論已為當代的研究者所捨棄，但也可透過再次梳理這些理論的成敗經過，找出一些尚有作用的「瀰因」，供作進一步發展的參考。第二個意義是，如果我們要從學門分化的現狀找到整合彼此現有成就的鑰匙，這些作品或許潛藏了某些關鍵或可能性。第三個意義是，如果沒有這些作品，就不會有之後的學術發展，因此透過這些作品，我們可以重建學理發展上的脈絡，鑑古知今。

佛洛姆的《自我的追尋》就是這樣的作品。在這本書裡，佛洛姆想要重建心理學與倫理學的關係，並且強化其所主張的人本主義倫理學的立場，以反對啟蒙運動後盛行的相對主義與威權主義。

《自我的追尋》成書在一九四七年，那是二次大戰結束之後，世界正從破敗之中重建，而佛洛姆當時在美國推動許多研究組織的創設工作。當時各主要學術流派生機蓬勃，企圖針對各種研究主題大展拳腳，但佛洛姆卻突然轉過頭，思考過往哲學與當代心理學的互動問題。哲學與心理學在數十年前才正式分家，但就佛洛姆看來，兩者之間還存在許多的可能性，心理學仍能從哲學過去的成果中「提取」出一些參考資訊，而不必從頭開始對人性進行倫理學研究。

他的相關建議至今仍然有效，心理學者可以針對過去哲學家的個人看法展開分析，並得到對該時空的描述倫理概觀。這會對應到前述的第一個意義。

佛洛姆的人文主義倫理學，正是建構在亞里斯多德的經驗思維模式上，而離開了柏拉圖的理性霸權路線。二十一世紀的現在，居於主流的規範倫理學，正是從亞里斯多德脈絡中脫胎而出的「德行倫理學」（本書中譯為「德性」）。德行倫理學家成功整合了許多當代的社會學、心理學，以及人類學的研究成果，但德行倫理學家是在一九七〇年代以後才慢慢走出這條路，而佛洛姆則早在一九四〇年代就強調了這種可能性。這也就對應到了上述的第二個意義。

最後，佛洛姆早在英美分析哲學極盛之期，就已經看出這類啟蒙運動思潮的發展困境，指出企圖以理性建構公式來解決一切問題的基本預設，看來太過於樂觀。也因為其與法蘭克福學派學者在戰後以歐陸思潮力抗英美哲學，才能刺激當時的學者從過分的學術樂觀中脫出，重新思考啟蒙運動的負面影響，並從舊有文化中提出有益的成果。這會對應到上述的第三個意義。

佛洛姆轉身思索過往的倫理學成果，並試圖找到一條出路。他以心理學的角度印證哲學倫理學上的想法，而證成了自己的人本主義倫理學。當代倫理學研究者或許會很輕率地將他劃分為「不就是新亞里斯多德派？」「人本主義倫理學即是強調人格的德行倫理學。」「是最早期跳出行為倫理學的嘗試，但沒有離開士林哲學的成就太遠。」……但是，這些說法都是玩弄名詞，已離開「人」太遠。

現在讓我們來看看佛洛姆貼進「人」呼吸的研究方法吧！如此才能展開倫理學探究的「初心」。

自我的追尋

自燈明，依自；法燈明，依法，其他無處可依。

——佛陀《長阿含．遊行經》

正言若反。

——老子《道德經》

那麼誰是真正的哲學家？
是那些愛好觀照真理的人。

——柏拉圖《理想國》

我的民因無知識而滅亡；
你棄掉知識，
我也必棄掉你。

——《舊約．何西阿書》

即使我所指出的足以達到這目的的道路，好像是很艱難的，但這的確是可以尋找得到的道路。從這條道路是這麼少被人發現的這點看來，足以表明這條道路誠然是很艱難的，因為如果解救之事易如反掌，可以不勞而獲，那又怎麼會幾乎為人人所忽視呢？但是一切高貴的事物，其難得正如它們的稀少一樣。

——斯賓諾莎《倫理學》

前言

這本書在許多方面都可以說是《逃避自由》（*Escape From Freedom*）的續作，我在該書裡試圖分析現代人如何逃避他自己和他的自由；在這本書裡，我要討論倫理的問題、導致人們實現自我的種種規範和價值的問題，以及其種種潛能的問題。在《逃避自由》裡談到的若干觀念，難免在本書裡有所重複，雖然我盡可能縮短重疊的討論，卻無法完全略而不提。在這本書的〈人性和性格〉一章裡，我討論了前書沒有探討過的「性格學」（characterology）相關主題，而僅約略提到在前書討論過的若干問題。想全盤了解我的性格學的讀者必須兼讀這兩本書，雖然那對本書的理解而言並非必要。

許多讀者或許會訝異於一個精神分析師居然也探討起倫理的問題，尤其是認為心理學不僅必須揭穿虛偽的倫理判斷，它甚至可作為建立客觀有效行為規範的基礎。這個立場和現代心理學流行的趨勢正好相左，他們強調「適應」而不是「善」，而且支持倫理相對主義（ethical relativism）。作為一名執業的精神分析師，我的經驗讓我更加相信，人格研究不管是在理論上或治療上，都不能忘了倫理的問題。我們的價值判斷決定了我們的行動，我們的心理健康和幸福也奠基於那些判斷的有效性。如果只把價值判斷視為無意識的、非理性欲望的諸多合理化——雖然這沒什麼不可以的——那將使我們對於整個人格的想像變得偏狹而扭曲。歸根究柢，精神官能症本身就是道德挫敗的徵兆（儘管「適應成功」絕對不能說是道德成就的表徵）。在許多情況裡，精神官能症的症狀是道德衝突的特定表現，而治療的成功與否，則取決於對個人道德難題的理解和解決之道。

心理學和倫理學的分道揚鑣是不久前發生的事。過去偉大的人道主義倫理思想家大抵都是哲學家和心理學家，他們的作品也是本書的依據；他們相信對於人性的理解和對其價值規範的理解是相依互存的。另一方面，佛洛伊德及其學派雖然釐清了不理性的價值判斷、而對倫理思想的進展貢獻卓著，但在價值問題上卻採取相對主義的立場；無論是對倫理學理論的發展，或是心理學自身的進步，這樣的立場都有負面作用。

在精神分析這股潮流中，榮格（C. G. Jung）是最引人矚目的例外。他承認心理學及精神治療和人在哲學和道德方面的難題息息相關。儘管這個承認本身極為重要，榮格的哲學取向終究只是導致了他和佛洛伊德的決裂，而沒有超越佛洛伊德、推論出一個以哲學為取向的心理學。對於榮格而言，「無意識」和神話已成為啟示的新來源，正因為它們的出處與理性無關（nonrational），所以它應該凌駕於理性思考之上。致力於探討真理、並主張它們所信仰的真理是「真正的」真理的，正是西方世界的一神宗教以及印度和中國偉大宗教的力量。雖說這個信念造成對其他宗教的瘋狂迫害，但是它同時在信徒和對手身上灌輸了對真理的尊重。雖然榮格兼容並蓄地讚美任何宗教，卻也因此在他的理論中放棄了這個對於真理的追尋。任何體系，只要它是非理性的，任何神話或象徵，在他眼裡都是等價的。在宗教方面，他是個相對主義者，那是他所極力駁斥的理性相對主義（rational relativism）的消極面，但不是對立面。這種非理性主義（irrationalism），不管是以心理學、哲學、種族或政治觀點作為託辭，都不能說是進步的，而應該說是反動的。十八和十九世紀理性主義的挫敗，並非因為它信仰理性，而是因為它的概念太過偏狹。而理性的不減反增，以及對於真理永不退讓的追尋，則可以匡正片面的理性主義——它不是以偽託宗教為名的蒙昧主義。

心理學既不能和哲學及倫理學分家，更不能與社會學和經濟學離異。我在本書中一再強調心理學在哲學方面的問題，並不意謂著我認為社會經濟的因素沒有那麼重要：我之所以片面地強調它，完全是因為陳述的考量。我希望能再出版一本書，探討以心理因素和社會經濟因素的互動為中心的社會心理學。

精神分析師看多了種種非理性渴望的執拗和頑固，對於人們是否有能力自主管理、是否能夠擺脫非理性激情的枷鎖，或許抱持著悲觀主義的想法。我必須說，在我的精神分析工作裡，反而是一種相反的現象漸漸打動了我：為了追求幸福和健康而激發出來的力量，正是人類的自然稟賦之一。「治療」意謂著排除那些使各種稟賦難以實現的障礙。再說，相較於有那麼多人罹患精神官能症，大多數身處逆境的人居然都能相對保持健康，這個現象或許更讓我們困惑吧。

不過我似乎必須再提醒一件事。現在有很多人期待心理學書籍會指引他們獲致「幸福」或「心靈的平安」，然而這本書沒有任何這方面的建言。它只是試圖以理論去釐清倫理和心理學的問題；它的目標是要讀者反躬自問，而非安撫他們。

很多朋友、同事和學生的激勵和建議，對我現下執筆的此書幫助很大，我對他們銘感五內，而我要特別向那些直接參與完成本書的人們致謝。特別是莫拉伊先生（Mr. Patrick Mullahy），他對我的協助非常寶貴；他和賽德曼醫師（Dr. Alfred Seidemann）就本書述及的哲學問題提出許多令人振奮的建議和批評。我也感謝黎斯曼教授（Prof. David Riesman）的許多建設性建議，此外還有史列辛格（Donald Slesinger），他潤飾了手稿，大大提高了它的可讀性。我尤其感謝內人，她協助我修改手稿，也為本書的結構和內容提出許多重要建議；特別是關於非創造性取向（nonproductive orientation）的正面和負面層次的概念，都要歸功於她的意見。

我要謝謝《精神醫學期刊》（*Psychiatry*）以及《美國社會學評論》（*American Sociological Review*）的編輯，他們同意我使用我以下論文：〈自私和自戀〉（Selfishness and Self-Love）、〈作為性格特徵的信仰〉（Belief as a Character Trait），以及〈精神官能症的個體和社會根源〉（The Individual and Social Origins of Neurosis）。

其次，感謝以下的出版商，讓我有幸引用他們出版作品裡的大量篇幅：喀爾文（Jean Calvin）的《基督教要義》（*Institutes of the Christian Religion*, trans. by John Allen, Board of Christian Education, The Westminster Press, New York）；《易卜生戲劇選現代珍藏版》（*Modern Library Edition of Eleven Plays of Henrik Ibsen*, Random House, New York）；卡夫卡的《審判》（*The Trial*, trans. by E. I. Muir,

Alfred A. Knopf, New York）；《斯賓諾莎選集》（*Spinoza Selections*, edited by John Wild, Charles Scribner's Sons）；《亞里斯多德倫理學》（*Aristotle's Ethics*, trans. by W. D. Ross, Oxford University Press）；《心理學原理》（*Principles of Psychology* by W. James, Henry Holt Co., New York），以及《倫理學原理》（*The Principles of Ethics*, Vol. I, by H. Spencer, Appleton-Century Co., New York）。

——埃里希・佛洛姆

第一章

問題

我說，誠然，知識是靈魂的糧食；而我的朋友啊，我們必須小心，智者學派（Sophist）自吹自擂他們所販賣的東西時，他們並沒有欺騙我們，就像商販在批發或零售給身體的糧食一樣；因為他們都是良窳不分地吹噓他們的商品，卻不知道什麼是真正有益或有害的；他們的顧客也不明就裡，除非剛好遇到行家或醫生。同樣的，那些在城裡到處兜售知識的人，躉售或零賣給缺乏知識的人，也會不分好壞地吹噓它們。朋友啊，如果說他們很多人並不明白知識對靈魂的作用，我也不以為怪；而他們的顧客恐怕也一無所知，除非買家剛好是靈魂的醫生。所以說，如果你能抉擇善惡，你應該可以安全無虞地購買普羅塔哥拉（Protagoras）或任何人的知識；否則，我的朋友啊，就請你收手，不要把你最寶貴的利益押在碰運氣的遊戲上。因為相較於買肉或沽酒，購買知識的危險性可是大得多了……

——柏拉圖《普羅塔哥拉篇》（Plato, *Protagoras*）

幾個世紀以來，驕傲和樂觀的精神一直是西方文化的特點；他們之所以驕傲，是因為他們擁有理性作為理解並支配自然的工具；他們之所以樂觀，是因為他們實現了人類最不切實際的夢想，也就是為最大多數的人成就最大的幸福。

人的驕傲是其來有自的。人類憑藉著理性打造了一個物質世界，它的實在性是童話、烏托邦夢想與異象所望塵莫及的。人類駕馭著種種自然能量，確保擁有一個有尊嚴的、多產的生活所需的物質條件。儘管他們有許多目標仍未達成，但無疑已近在咫尺，而創造的問題（那是以前的問題）原則上也已經解決了。而今，在人類歷史中，他們破天荒地得以相信，人類的世界大同以及征服自然的理想再也不是夢，而具備實事求是的可能性。他難道不該感到驕傲，對自己及未來信心滿滿嗎？

然而現代人卻焦慮不安，越來越困惑。他們努力工作，奮發向上，但是隱隱覺得所作所為都是枉然。雖然他們支配物質的權力日漸擴張，卻對於個人生活和社會覺得很無力。他們雖然創造了更新更好的工具來支配自然，卻也困在那些工具的羅網，再也看不見那唯一能賦予它們意義的目的地——人們自己。他們雖然成了自然的主人，卻也成了自己一手打造出來的機器的奴隸。雖然他們擁有關於物質的豐富知識，但是對於人類存在最重要且根本的問題卻一無所知：人是什麼，他應該過著什麼樣的生活，人類可以釋放且用以厚生利物的能量有多麼巨大？

當代人類的危機使人放棄了啟蒙運動的嚮往和理念，它曾預言我們在政治和經濟上的進步已經展開。他們把進步的觀念說成童騃的幻想，反過來高喊「現實主義」，一個對人類完全沒有信心的新語詞。人的尊嚴和力量的觀念，在幾個世紀以前曾給予人們力量和勇氣以創業垂統，如今卻遭到質疑，暗示我們必須回頭接受人終究無力而渺小的事實。這個想法駸駸然有摧毀我們文化成長的根基之虞。

啟蒙運動的理念對人們說，他們可以信任自身理性的引導，設定有效的倫理規範，他可以依靠自己去認識善惡，而不必憑藉啟示或教會的權威。啟蒙運動的座右銘「勇於認識」正蘊含著「信任你的知識」的理念，也成為現代人奮鬥和成就的誘因。然而此刻，對人類自主性和理性的懷疑暗潮起伏，造成了一種道德困惑的狀態，既沒有啟示、也沒有理性可以指引人們，結果就是接受相對主義的立場，認為價值判斷和道德規範僅僅是品味問題或個人偏好，在這個領域中不會產生客觀有效的陳述。但是，既然人們的生活不能沒有價值和規範，這個相對主義就只是讓他們成為不理性的價值系統下的廉價犧牲者。他們轉向一個立場，即使那個立場早被希臘的啟蒙運動、基督宗教、文藝復興以及十八世紀的啟蒙運動所推翻：國家的需求，對於強人領袖的神祕特質、威力強大的機器，以及物質成就的狂熱，成了他們的規範和價值判斷的根源。

我們要對此置若罔聞嗎？我們都同意只能在宗教和相對主義之間二擇一嗎？我們也要讓理性在道德問題上退位嗎？我們真的相信自由與奴役、愛與恨、真與偽、正直與機會主義、生與死之間的抉擇，都只是許多主觀偏好的結果嗎？

的確，我們擁有其他選擇。有效的倫理規範可以、也只能靠理性來建立。正如由理性推論出的其他判斷，人也可以明辨對錯並做出價值判斷。在以人的自律和理性為基礎的價值體系方面，已由人本主義倫理學思想的偉大傳統奠下基石。這些體系奠基於一個前提，也就是說，要了解什麼對人是好的或壞的，我們必須先認識人性。因此，它們基本上也是心理學的探究範疇。

如果說，人本主義倫理學是以人性知識為基礎，那麼現代心理學，尤其是精神分析，對於人本主義倫理學的發展而言，則是最有力的刺激因素之一。然而，儘管精神分析讓我們大大增長了對於人的知識，但是關於人應該怎麼生活、應該做什麼等等的認知，卻沒有什麼進展。它的主要功能一直是

「揭露真相」，證明價值判斷和倫理規範是不理性的（而且經常是潛意識的）欲望和恐懼的表現，因此沒有什麼客觀有效性可言。雖說這個揭露本身很有價值，但是如果它一直局限在批評方面，也會漸漸乾涸。

精神分析在嘗試將心理學設定為一種自然科學時，誤把心理學和哲學以及倫理學的問題分家。它忽略了一個事實，也就是除非我們就人的整體去探討人，包括他為存在找尋意義和答案的需求，以及探索何為生活規範的需求，否則我們沒辦法了解一個人的人格。佛洛伊德所謂的「心理人」（homo psychologicus），正如古典經濟學的「經濟人」（homo economicus），都只是向壁虛造的解釋罷了。不了解價值和道德衝突的本質，就不可能明白人類及其情感和心理上的困擾。心理學的進步並不是在於讓所謂「自然」領域和所謂「精神」領域分道揚鑣而專注於前者，而是回到人本主義倫理學的偉大傳統，從身心的整體面向去探討人，相信人的目標是做自己，而達到該目標的條件就是要追尋自我。

我寫本書的目的，是要重申人本主義倫理學的有效性，證明我們對於人性的認識不會導致倫理的相對主義，相反的，它讓我們相信，倫理行為規範的源頭必須在人性本身覓得；道德規範是以人的天性為基礎，違反了天性才會導致心理和情感的崩潰。我將證明成熟而整全（mature and integrated）人格的性格結構——有建設性的性格——構成了「德性」的根源和基礎，而「惡行」其實和人的自我或自殘無涉。人本主義倫理學的最高價值，既不是捨己，也不是自私或自戀，更不是對個體的否定，而是真正對人性自我的肯定。他必須認識自己，也要了解自己擁有努力向善和創造性的能力。

第二章

人本主義的倫理學

——生活藝術的應用科學

有一天蘇西亞向神禱告：「主啊，我好愛你，但是我不夠畏懼你。主啊，我好愛你，但是我不夠畏懼你。請讓我敬畏你，就像滿心敬畏你的聖名的天使一樣。」

神聽了他的禱告，他的聖名就進入蘇西亞的內心深處，正如它穿透天使一般。但是這時候蘇西亞卻像小狗似地爬到床底下，像一頭受驚的野獸一樣全身發抖，大呼：「主啊，讓我再次像蘇西亞那樣愛你吧。」

這次神也聽到他的禱告了。1

一、人本主義倫理學和威權主義倫理學

如果我們不像倫理相對主義那樣放棄追尋客觀有效的行為規範，我們可以為這些規範找到什麼樣的判準？判準的類別，取決於我們所探討的倫理規範體系是哪一種類型。威權主義倫理學裡的判準，必然有別於人本主義倫理學的判準。

在威權主義的倫理學中，威權告訴我們什麼對人是好的，並且規定了行為的法則和規範；而站在人本主義倫理學的立場，人們自己既是規範的立法者，也是臣服者；既是這些規範的形式根源或規定者，也是規範的主題所在。

既然我們使用「威權主義」一詞，就有必要釐清權威（authority）的概念。這個概念存在著許多混淆，因為一般人都相信我們所面對的問題不是獨裁且非理性的權威，就是拒絕任何權威；然而這個二擇一的認知是有謬誤的。真正的問題是，我們要有哪一種權威。我們講的權威是指合理的或不合理的？合理的權威來自於能力，權威受到尊重的人，能夠陳力就列而不負所託，他既不需威嚇他人，也不必裝神弄鬼以求贏得尊敬；只要他真的能夠博施濟眾而非剝削他人，那麼他的權威就有了合理的基礎，不必訴諸不合理的畏懼。理性權威不僅容許、甚至要求服從權威的人持續監督並批評它；它總是一時的，人們是否接受，取決於它的表現。另一方面，不合理的權威一直是以力服人。這個力量可能是身體或心理上的，就屈服於權威者的焦慮和無助而言，它也可以很現實，或只是相對而言是現實的。一方擁有權力，另一方則心存恐懼，此兩者是不合理權威的支柱，服從者不僅不被要求批評權威，甚至被禁止批評權威。合理的權威是建立在當權者和臣服者的平等之上，兩者的差別只在於特殊領域方面的知識或技術程度；而不合理的權威，本質上是以不平等為基礎，更蘊含了價值上的差異。

在使用「威權主義倫理學」一詞時，我指的就是不合理的權威，並隨順時下把「威權主義」視為和極

---

1 *Time and Eternity, A Jewish Reader*, edited by Nahum N. Glatzes (New York: Schocken Books, 1946).

權主義的、反民主體系的同義用法。讀者很快就會發現，人本主義倫理學和合理的權威其實可以並行不悖。

威權主義倫理學和人本主義倫理學可從兩種判準上看出差別，其一是形式上的，其二則是實質上的。在形式上，威權主義的倫理學否認人有分辨善惡的能力；規範的立法者一直是超越個人的權威。這種體系的基礎不在於理性或知識，而在於對權威的敬畏，以及臣服者怯弱和依賴的感覺；將決定權拱手讓給權威，是權威所擁有神祕力量的結果，這股力量所做的決定不可能、也不該被質疑。在實質上或者說根據其內容，威權主義倫理學在回答善惡問題時，主要是以權威者的利益為考量，而非臣服者的利益，它是一種剝削，即使臣服者或許也從對方那兒分得可觀的好處，不管在心理或物質層面。

在兒童階段倫理判斷的形成以及一般成人不假思索的價值判斷裡，都可以看到威權主義倫理學的形式和其實質面向。我們分辨善惡的能力早在童年就奠下基礎，先是單純的生理功能，繼而是複雜的行為問題。兒童在學習推論善惡的不同之前，就已經擁有區分善惡的意識，其價值判斷的形成乃依據生命中重要人士所發出友善或不友善的反應。就兒童完全依賴於成人的關懷和愛這點而言，無怪乎光是母親贊許或厭惡的表情，就足以「教導」兒童善惡之分。在學校和社會中也有類似因素在運作，大家讚美的東西就是「好的」，大家反對的、社會權威或大多數同胞會懲罰的，就是「壞的」。的確，害怕厭惡和渴望認可，似乎是倫理判斷中最強勢且幾乎是排他性的動機。這個強烈的情感壓力，使孩子以及日後的成人沒辦法批判性地自省：在一個判斷裡，所謂「善」，究竟是指對他本身，或是對權威而言。如果我們的考量涉及對事物的價值判斷，那麼這方面的抉擇就特別明顯。如果我說一輛汽車「比較好」，那是因為它比其他汽車更合我的意；好或不好，指的是事物對我是否有用。一隻狗的主人思忖這隻狗是不是一隻「好狗」，他心裡想的是這隻狗有哪些特質對他有用；例如，主人想要一隻看門狗、獵犬或溫馴的狗，而牠可以滿足主人的需求。如果一個東西對使用者是好的，那麼它就是好的。就人而言，同樣的價值判準也派得上用場。如果員工能讓雇主獲利，那麼雇主就會認為他是好員工。如果小學生聽話不鬧事，而且讓老師對他很有好感，老師或許會說他是個好學生。同樣的，如果一個孩子孝順聽話，大人就會說他是個好孩子。這個「好」孩子或許是嚇壞了、缺乏安全感，因此藉由順從父母意志以博取其歡心，而反觀所謂的「壞」孩子，或許有他自己的意志，有他自己的興趣，只是那些東西顯然無法取悅他的父母。

威權主義的形式和實質面向顯然是密不可分的。除非權威想要利用臣服者，否則它不必利用他們的恐懼和情感上的順服去統治他們。它會鼓勵理性判斷和批評，即使因此會有被認為能力不足之虞。不過，因為這會對權威者的利益產生危害，因此權威會把服從設定為最重要的德性，不服從則是最大的罪過。在威權主義倫理學中，反叛代表了不可寬恕的罪行，是對權威是否有權建立規範，以及此規範是否符合臣服者的最大利益所產生的質疑。即使一個人犯了罪，只要他接受懲罰並心生愧疚，仍然可以重新做個「好人」，因為他這樣就算承認了權威的優越性。

《舊約》在談到人類歷史的起源時，也見證了威權主義的倫理。亞當和夏娃的罪不是就行為本身去解釋的；吃了善惡樹果實的這個行為本身不是惡的；事實上，不管是猶太教或基督教，都認為分辨善惡的能力是個基本德性。亞當和夏娃所犯的罪是在於不服從，他們挑戰了上帝的權威，上帝擔心人「與我們相似，能知道善惡」，「現在恐怕他伸手又摘生命樹的果子吃，就永遠活著。」

相對於威權主義倫理學，人本主義倫理學也有形式和實質上的判準。在形式上，它是基於一個原則，也就是，只有人自己（而非某個超越他的權威）可以決定德性和罪咎的判準。在實質上，它所依據的原則是：「善」是對人有好處的，「惡」是對人有害的；人的福祉是倫理價值的唯一判準。

人本主義和威權主義倫理學的差別在於對「德性」一詞所賦予的不同意義。亞里斯多德所說的「德性」是指「美德」，也就是行動的美德，人們藉以實現其特有的潛能。而帕拉切爾蘇斯（Paracelsus）[2]則認為「德性」同義於萬物的個別性質，也就是它的特性。一顆石頭、一朵花都有它們的德性，也就是特定性質的組合方式。同樣的，人德性是人類特有的性質組合，而每個人的德性則是其獨一無二的個體性。如果他能開展「德性」，他就是「有德的」。相反的，現代意義下的「德性」則是威權主義倫理學的概念，「有德的」意謂著克己和服從，壓抑個體性、而不是盡情地實現它。

人本主義倫理學是以人為中心，這當然不是說人是宇宙的中心，而是指人的價值判斷——正如其他判斷、甚至認知——都植基於他藉以存在的種種特性，而唯有和「存在」有關，才讓這些判斷顯得有意義。的確，人是「萬物的尺度」，人本主義的立場認為，沒有任何事物比人的存在更為崇高莊嚴。而反對者則說，倫理行為在本質上是超越人類的事物，因此，一個只考慮到人以及自身利益的體系，並不能說是真正的道德，它的對象只是孤立而自我中心的個人而已。

提出這種論證的，通常是否認人有能力（以及權利）制定並判斷出對他的生活有效的規範，不過這個論證是基於一個謬誤的立場，因為所謂「善即對人有好處」的原則並不包括一個推論：就人的本性而言，利己主義和孤立對他是有好處的。它並不意謂著人可以在和外在世界漠不相關的情況下成就其自身目的。其實，誠如人本主義倫理學的許多擁護者所言，人必須和他的夥伴同心協力，才能找到成就和幸福，這正是人性的特質。然而，愛你的鄰人並不是超越人類的現象；它是內在於人心的，從他內心自然流露出來的。愛不是自上而下降臨到人們身上的大能，也不是加諸人類身上的義務，而是人自己就有力量和光同塵，與時舒卷，使這個世界成為他的世界。

---

2 譯註：帕拉切爾蘇斯（Paracelsus, ca. 1493-1541）為文藝復興時期瑞士日耳曼地區的醫生、鍊金術師、占星家和植物學家。現代心理學中，他是第一個主張說某些疾病源自心理狀況的人。

二、主觀主義和客觀主義的倫理學

如果說，我們接受了人本主義的倫理學，那麼當人們否認人有能力獲致客觀有效的規範性原則時，我們該怎麼回答他們呢？

的確，有一派人本主義倫理學接受了這個挑戰，也同意價值判斷沒有客觀有效性，只不過是個人任意的偏好或厭惡而已。根據這個觀點，諸如「自由勝於奴役」之類的說法，充其量只是描述每個人各自品味的不同，而沒有客觀有效性。在這個意義下，價值被定義為「任何所意欲的善」，而欲望成了價值的衡量標準，而不是以價值去衡量欲望。這樣極端的主觀主義在本質上和主張倫理規範應該是普遍而及於所有人的觀念並不相容。如果這個主觀主義是人本主義倫理學的唯一類型，那麼我們不是選擇倫理的威權主義，就是得放棄所有普遍有效規範的主張。

倫理的快樂主義（hedonism）是對客觀性原則最早的讓步：它假設了快樂對人是好的，痛苦則是壞的，並據此提出了用以評定欲望的原則：唯有那些實現了之後能引起快感的欲望才是有價值的，其他欲望則無價值可言。然而，儘管史賓賽（Herbert Spencer）主張，快感在生物演化過程中有其客觀的功能，但是快感本身並不能成為價值的判準，因為還是有些人喜歡卑躬屈膝甚於自由，有些人的快感是源自恨而不是愛，是源自剝削而不是創造性的工作。這種從客觀來說有害的事物中獲致快感的現象，是典型的精神官能症性格，在精神分析領域有詳盡的研究。我們在討論性格結構以及探討幸福和快感一章中，會再回到這個問題。

伊比鳩魯（Epicurus）對快樂主義的修正，在更客觀的價值判準上跨出了一大步，他區分了快感的等級「高低」，以解決這個難題。雖然他由此指出了快樂主義內在的困難，但是他嘗試的解答卻仍然抽象而獨斷。不過，快樂主義有個很大的優點：它以人們自己的快感和幸運經驗為唯一的價值判準，而拒絕所有那些以權威去決定「什麼是對人最好」的主張，那些主張不讓人們有機會去思考他對於所謂「對他最好的東西」有何感受。因此，無怪乎在希臘、羅馬及近代歐洲和美洲文化裡的快樂主義倫理學，一直得到真正關心人類幸運的進步主義思想家的擁護。

儘管快樂主義有其優點，它還是沒辦法為客觀有效的倫理判斷奠立基礎。如果我們選擇人本主義，就非得放棄客觀性嗎？或者，我們是否有可能建立對所有人來說都客觀有效的行為規範和價值判斷？這是由人們自己決定、確立的，而不是由一個超越他的權威？我的確相信那是可能的，我試著證明這個可能性。

首先，我們不要忘記，「客觀有效」不等於「絕對」。例如說，一個關於機率、近似值或任何假設的敘述，都可以是有效的同時又是「相對的」，就其奠基於有限的證據之上這一點來說，如果事實或程序許可，未來都可以接受修正。「相對和絕對」的概念是植根於神學的思考，認為神性的領域是

「絕對的」，而和人們的不完美領域有別。撇開這個神學背景不談，絕對的概念毫無意義可言，不管是在倫理學或一般科學思考裡，都不是很站得住腳。

但是即使我們同意這點，還是沒有解決對於客觀有效的倫理述句之可能性的主要反駁：反駁的理由在於「事實」必須和「價值」劃分清楚。自康德以降，一般都認為只有事實述句才可能客觀有效，價值述句則不然，而檢驗這些述句是不是科學的標準，就是必須排除價值述句。

然而，在「藝術」方面，我們習慣訂定客觀有效的規劃，它們是從科學原理推論出來的，而那些原理本身則是基於對事實的觀察，以及（或是）來自廣泛的數學演繹程序。純粹或「理論性」的科學著眼於事實和原理的發現，即使在物理和生物科學裡，也會摻雜著某個規範性元素，但仍無損其客觀性。應用科學則主要在探討實用性的規範，據以理解應該怎麼做，在這裡，「應然」（ought to）是由事實和原理的科學所決定的。「藝術」是需要專業知識和技術的活動，雖說其中有些只需要常識就行了，但如工程和醫學等其他「藝術」，則需要廣泛的理論知識。例如，我要鋪設鐵軌，我必須根據某些物理原理去建造它。**在所有「藝術」當中，都會有一套客觀有效的規範，根據理論科學建構起實務的理論（應用科學）**。雖說在任何「藝術」裡，都會有不同的方法以獲致卓越的成果，但是規範絕對不是任意制定的；違反這些規範的結果不是事倍功半，就是整個搞砸而無法得到預期的成果。

然而「藝術」不僅指醫學、工程或繪畫，**生活本身就是一種藝術**[3]——它其實是人們所從事最重要、也最複雜困難的藝術。它的對象不是個別、專業的事務，而是生活的表現，也就是開展個人潛能的歷程。在生活的藝術裡，**人既是藝術家，也是他藝術的對象**；他既是雕塑家也是大理石，既是醫生也是病人。

人本主義的倫理學認為「善」同義於「對人是好的」，而「惡」則是「對人不好的」，它主張我們必須認識人性，才能知道什麼對人是好的。**人本主義倫理學是「生活藝術」的應用科學，奠基於理論性的「人的科學」之上**。正如其他科學，一個人的卓越成就（「德性」）和他對「人的科學」的認識及他的技藝和實踐成正比。但是，人們在從理論演繹出規範時必須有個前提，也就是說，他必須選擇若干行動，並且意欲若干目標。醫學的前提是意欲治療疾病、延長生命，否則，醫學的所有規定都會失去意義。每個應用科學的公理都是選擇的結果，也就是說，行為的結果是合意的。

然而，倫理學和其他「藝術」的基本公理之間有個差別。我們可以假設在某個文化中，人們既不想要有繪畫也不需要建造橋梁，但我們無法想像一個人們不想活下去的文化。每個生命天生都有活下去的驅力，不管人對生命有何想法，都會不由自主地想活下去[4]。所謂的生死抉擇，其實根本沒有那

---

3 雖然「藝術」一詞的用法和亞里斯多德的術語正好相反，他區分了「造作」（making）和「行動」（doing）的不同。（譯按：指亞里斯多德所謂的「德性」（aretē）一詞，也有「卓越」之意。佛洛姆此處的用法則包含了「專業技術」、「藝術」和「德性」等意思。）

4 自殺是一種病理學上的現象，並不牴觸此論點的普遍原則。

回事，在現實裡，人們只是在好的生活和不好的生活之間做選擇而已。

耐人尋味的是，我們的時代為什麼忘記了「生活作為一種藝術」的概念呢？現代人似乎相信閱讀和寫作是必須學習的藝術，要當個建築師、工程師或技術人員都需要大量學習，但是生活卻是再簡單不過的事了，不必特別費什麼工夫去學習怎麼生活。正因為每個人都有某種「生活」方式，所以關於生活這件事，每個人都自詡是專家。這倒不是因為人們對生活的藝術太嫻熟了而忘記它的困難，因為生活歷程裡普遍缺少真正的歡樂和幸福，顯然已經排除了這種解釋的可能性。

雖然現代社會強調幸福、個體性和利己，卻也讓人感覺到生活的目標不是個人幸福（或者從神學觀點來說是得到救贖），而是履行工作的責任或個人成就，金錢、聲望和權力成了他的動機和目的。他有個錯覺，以為他的行為都有助於自身利益，即使實際上他並不曾真正滿足真實自我的利益。所有事情對他來說都很重要，除了他的生命和生活的藝術以外。他在找尋一切，除了他自己。

如果說，倫理構成了實現生活藝術極致成就的整體規範，那麼它最概括性的原則，也應該是依循著整個生命的本性，特別是人類存在的本質而成立。就最概括性的觀點而言，所有生命在本性上都是要保存並肯定自身的存在，所有生物天生都傾向於保存自身的存在——心理學正是基於這個事實而假設了一個自我保存（self-preservation）的「本能」。每一種生物的第一個「義務」就是活下去。

「活下去」是一種動態的概念，而不是靜態的。**存在，以及一種生物特定力量的發揮**是同一回事，所有生物都有實現其特定潛能的天生傾向。因此，人生的目的也就被理解為適性發揮他的力量。

然而，人們的存在不能「一概而論」。雖然所有人都擁有人性的核心性質，但他始終是個個體，這個獨一無二的實體和所有其他人迥然有別。他的不同處在於他的性格、氣質、天賦和習性的個殊組成，正如他的手指頭也各自不同。他唯有透過實現自己的個體性，才能肯定身為人的潛能。活著的責任，就是成為真正的自己，發展成那個自己本來就有潛力成為的人。

總而言之，**在人本主義倫理學裡，「善」是肯定生命，發揮人的力量。「德性」是對自己的存在負責。「惡」是人的力量的損害。而「不道德」則是對自己不負責。**

此即客觀主義人本主義倫理學的首要原則。我們於此無法細述，在第四章會回頭探討人本主義倫理的種種原理。現在我們要探討的問題是，作為倫理的應用科學的理論基礎，「人的科學」是否可能成立。

三、人的科學[5]

「人的科學」這個概念的前提是：它的對象，也就是人，是真實存在的，而人類有特有的人性。關於這個問題，它特殊的諷刺和矛盾在思想史裡展現無遺。

威權主義的思想家便宜行事地假設有「人性」的存在，他們相信它是固定不變的。這個假設也用以證明，他們的倫理體系和社會體制是必要且不可改變的，而且奠基於所謂的人性之上。然而，他們所以為的人性，其實是他們的種種規範（以及利益）的反映，而不是客觀探究的結果。因此可想而知，進步主義者應該會支持人類學和心理學的認定，這兩門科學剛好與威權主義所主張的相反，似乎是在證明人性有無限的延展性。因為這裡的「延展性」，指的是規範和體制（這些據說是人性的原因而不是結果）也可以是有可塑性的。但是，附和人性具有無限延展性的理論者在反對「某些歷史文化模式是固定而永恆的人性表現」這個錯誤假設時，他們的立場同樣不怎麼站得住腳。首先，人性的無限延展性概念，很容易會推導出和固定不變的人性概念同樣有問題的結論。如果說，人性可以無限延展，那麼對於人類福祉不利的種種規範和體制，就有機會將人永遠塑造成它們需要的模式，而人性也不可能發動其內在力量來試圖改變這些模式。人們會成為社會制度下的木偶，而不是像歷史所證明的，人是個行為主體，他們在天性上會奮力抵抗不利於他們的社會和文化模式的強大壓力。其實，如果說，人只不過是文化模式的反映，那麼就無從以人類福祉的觀點去批評或判斷社會秩序，因為那將不會有「人」的概念。

和延展性理論在政治和道德上的反彈同樣重要的，是它的理論性蘊含。如果我們假定沒有「人性」這樣的東西（除非是就基本生理需求而言的定義），那麼唯一可能的心理學論述，就會是個極端的行為主義，僅僅以描述各種行為模式為滿足，或是測定人類行為的量的面向。心理學和人類學只能描述社會體制和文化模式用以塑造人們的方式，因為人的各種特殊表現都只不過是社會模式蓋在他們身上的戳記，因而也只會有一種關於人的科學，也就是比較社會學。

然而，如果說心理學和人類學旨在提出關於支配人類行為法則的有效命題，那麼它們最初的前提應該是，有個東西，姑且稱為X，以根據其本性的可知方式，對於環境的影響做出反應。人性不是固定不變的，因此，文化不能說是固定的人性本能的結果，也並非人性必須據以被動調適自己的固定因素；誠然，人們可以適應種種事與願違的境況，但在適應過程中，他會因為自身本性的特質，而形成特定的心理和情感反應。

5 我所說的「人的科學」，指一個比傳統人類學更廣泛的概念。林頓（Ralph Linton）也曾以類似的廣泛方式使用這個詞彙。參見*The Science of Man in the World Crisis*, ed. by Ralph Linton, Columbia University Press, New York, 1945.

人可以適應奴隸的身分，但他的反應方式是貶抑自己在知性和道德上的性質；他也可以適應一個充斥著懷疑和敵對感的文化，但是他對這個文化的反應是變得軟弱而槁木死灰。人可以適應一個壓抑對性愛渴望的文化，但是為了成功適應其中，他會如佛洛伊德所說的產生精神官能症的症狀。他幾乎可以適應任何文化模式，但由於它們都違背他的本性，所以他會產生各種心理和情感的困擾，最終讓他不得不去改變這些境況，因為他沒辦法改變他的本性。

人不是一張可以讓文化任意書寫的白紙，而是個負載著能量和特定結構的存有者，就算是自我調適，也會以特定而可知的方式回應外在環境。如果人真的像動物一樣改變本性，以自我調整的方式適應外在環境，而且只適於生活在他已發展出特定適應能力的環境裡，那麼他也會像所有動物物種的命運一樣走進死胡同，而阻斷歷史的發展。另一方面，如果人可以適應所有環境，而不必對抗一切有違其本性的事物，那麼他也不會成就歷史。人的演化植根於人的適應力以及本性裡某些堅不可摧的性質，促使他不斷追尋更適合他內在需求的環境。

人性是「人的科學」的研究對象。但是這個科學的起點不在於描繪人性的全貌；對其主題提出一個適當定義是它的目標而非前提。它的方法是觀察人對於形形色色的個人和社會環境的反應，進而從這些反應得到關於人性的推論。歷史和人類學研究的是人對不同文化和社會的反應；社會心理學研究人對我們自己文化裡社會背景的反應；兒童心理學則研究成長中的兒童對各種情境的反應；精神病理學則試圖研究人性在致病情況下的扭曲現象，而提出關於人性的推論。人性本身是觀察不到的，只能從每個人在特定情境下的特定表現去觀察。從人類行為的經驗性研究可以推論出的是一個理論性的構造，至於其他科學則從所觀察到的資料進行推論，而非直接從可觀察的對象本身著手，並以此為基礎或限定來操作各種實體概念。就此而論，人的科學在建構一個「人性模型」時如出一轍。

儘管人類學和心理學提供的資料盈篋，對於人性，我們仍然只有初步的認識。如果說，關於人性有什麼經驗性或客觀的說法，夏洛克（Shylock）的一席話仍值得我們深思，如果我們把他所說的猶太人和基督徒廣義地理解為所有人性的代表：

> 只因為我是一個猶太人。難道猶太人沒有眼睛嗎？難道猶太人沒有四肢五官、沒有知覺、沒有感情、沒有血氣嗎？他不是吃著同樣食物，同樣的武器可以傷害他，同樣的醫療可以療治他，冬天同樣會冷，夏天同樣會熱，就像一個基督徒一樣嗎？你們要是用刀劍刺我們，我們不是也會流血的嗎？你們要是搔我們的癢，我們不是也會笑起來的嗎？你們要是用毒藥謀害我們，我們不是也會死嗎？那麼要是你們欺侮了我們，我們難道不會復仇嗎？要是在別的地方我們都跟你們一樣，那麼在這一點上也是彼此相同的。（引自莎士比亞《威尼斯商人》中放高利貸的猶太人。譯按：引自朱生豪譯本。）

四、人本主義倫理學的傳統

人本主義倫理學的傳統普遍認為，關於人的知識，可作為建立規範和價值的基礎。因此，亞里斯多德、斯賓諾莎（Baruch de Spinoza ）和杜威（John Dewey ）關於倫理學的論述（本章會概述這些思想家的觀點）也可以說是心理學的論述。我不想整個回顧人本主義倫理學的歷史，在此只列舉某些偉大的代表人物所提出的原則。

對亞里斯多德而言，倫理學是奠基在「人的科學」上。心理學探究人性，因此倫理學可以說是一種應用心理學。正如政治學的學生，倫理學的學生「必須對靈魂有某種認識，正如醫生要醫治眼睛，也必須對整個身體有所認識。……那些醫學巨匠無不大力投身於對身體的認識。」[6]亞里斯多德從人性演繹出「德性（卓越）即『行動』」的「規範」，他所謂「行動」指的是人類特有功能和能力的行使。人所追求的目標——幸福，是「行動」和「行使」的結果；它不是靜態的占有或是一種心態。亞里斯多德在解釋「行動」的概念時，以奧林匹克競賽作為類比。「正如在奧林匹克大賽一樣，」他說：「桂冠並不授與貌美者和健壯者，而是授與參加競技的人（勝利者就在他們之中），只有那些行為高尚的人，才能贏得生活中的美好和善。」[7]自由、理性、有行動力（沉思）的人是美善的，因此也是幸福的。於是我們有了以人為中心或人本主義客觀價值的命題，那同時也是出自對於人的本性和功能的理解。

和亞里斯多德一樣，斯賓諾莎也致力於探究人類特有的功能。他先是思索自然萬物的特有功能和目的，得到的答案是：「每個自在的（in itself）事物，莫不努力保持其存在。」[8]一個人，他的功能和目的和其他事物沒什麼兩樣：自我保存，並且堅持其存在。斯賓諾莎得到一個德性的概念，認為它只是人類存在的一般性規範的應用而已。「絕對遵循德性而行，無非是以理性為指導而行動、生活、保持自己的存在（此三者意思相同），而且這是建立在尋求自己利益的基礎上的。」[9]

對於斯賓諾莎而言，「保存自己的存有」意思是**成為那潛能所能發揮出來的樣子**。萬物皆如此。斯賓諾莎說：「譬如一匹馬，無論變成人也好，變成昆蟲也好，它的本質都同樣地遭到毀滅了。」我們可以說，根據斯賓諾莎的說法，一個人無論變成天使或馬，他的本質同樣遭到毀滅。德性是每個生物特定潛能的發展與滋長；對於人而言，那會是讓他最符合人性的狀態。因此，斯賓諾莎將「善」理

---

6 *Ethica Nicomachea*, W. D. Ross, tr. (London, New York: Oxford University Press, 1925), 1102a, 17-24.

7 同前註釋所引用之著作：1099a, 3-5。

8 Benedictus de Spinoza, *Ethics*, W. Hale White, tr., revised by Amelia Hutcheson Sterling-Humphrey Milford (London: Oxford University Press, 1927), III, Prop. 6 (In Scribner's Spinoza Selections).

9 同前註釋所引用之著作：IV, Prop. 24。

解為「我們確信能幫助我們更接近上帝為人所設下的人性模型」的一切事物；而他所謂的「惡」，則是「我們確信會阻礙我們實現那一個模型」的所有事物。[10]因此，德性等於人性的實現；而「人的科學」是作為倫理學所依據的理論基礎。

理性告訴人該怎麼做才能真正忠於自己，因而告訴他「善」是什麼，而成就德性的方式，則是積極使用自己的力量。所以，「能力」就等於德性；「無能」則是罪惡。幸福不是目的本身，而是伴隨能力增長的經驗而來的東西，反之，伴隨無能而來的只有沮喪；能力和無能都指涉著人類特有的力量。價值判斷只適用於人及其利益。然而，這類價值判斷並不只是個人好惡的陳述，因為人的性質是內在於人類這一物種的，因而為所有人所共有。斯賓諾莎倫理學的客觀性是奠基於人性模式的客觀性，後者雖然容許許多個體變異，但是究其核心則是所有人都相同的。斯賓諾莎極端反對威權主義的倫理學。對他而言，人自身就是目的，而不是一個凌駕於他之上權威的工具。價值必須以人的現實利益作為考量，那就是自由以及創造性地行使他的力量。[11]

杜威是「科學倫理學」最重要的當代推手，他的觀點和倫理學裡的威權主義以及相對主義正好反其道而行。就前者而言，他說，訴諸神啟、君權神授、國家命令、習俗、傳統等的共同特徵是「有個聲音很有權威，因而不容有一探究竟的餘地。」[12]至於後者，他認為某個事物讓人愉快的這個事實本身「不是對於讓人愉快的事物的價值判斷」。[13]愉快是個基本與料，但它必須「由事實證據加以證實」。[14]和斯賓諾莎一樣，他也假設以人類理性的力量可以獲致客觀有效的價值命題；他同樣也認為，人的生命的目的，是他在本性和稟賦方面的成長和發展。但是他反對有任何固定不變的目的，因此他放棄了斯賓諾莎提出的重要觀點：也就是以「人性的模型」作為科學的概念。杜威的觀點主要著重於手段和目的（或結果）的關係，以作為規範有效性的經驗性基礎。他認為，評價的問題只發生在「有些事物成為問題的時候；有麻煩必須解決的時候；有需求、缺憾或匱乏必須彌補的時候；有些趨勢的衝突必須藉著改變現狀去解決的時候。而這個事實又證明了，只要是評價的問題，就會有知識的

---

10 同前註釋所引之著作：IV, Pref。

11 馬克思也說過類似於斯賓諾莎的觀點：「要知道什麼對狗是有用的，」他說：「就必須研究狗的天性。這個天性本身不是從實用性原理演繹出來的。以此類推到人類，會用實用性原理去批評所有人類行為舉止和關係的人，首先必須探討人性之一般，然後探討因每個歷史時期而有所變動的人性。邊沁三兩下就解決了這個問題。他以令人絕倒的天真，把近代的商店老闆（特別是英國商店老闆）當作正常人。」（Karl Marx, *Capita*, I, 688, footnote, New York: The Modern Library, Random House, Inc.）。史賓賽雖然在哲學上的主張與前者南轅北轍，但他關於倫理學的看法也是說，「善」和「惡」須視人的個殊本性而定，而行為科學是以我們對人的認識作為基礎。史賓賽在給彌爾（J. S. Mill）的一封信裡說：「我的想法是，道德，即所謂正當行為的科學，它的目標是要決定哪些行為模式如何而且為什麼對人有害，而哪些模式是有好處的。結局的好壞不會是偶然的，而是事物本性的必然後果。」（Spencer, *The Principles of Ethics*, Vol I, New York: D. Appleton Co., 1902, P. 57）

12 John Dewey and James H. Tufts, *Ethics*, New York: Henry Holt and Company, rev. ed., 1932, P. 364.

13 John Dewey, *Problems of Men*, New York: Philosophical Library, 1946, P. 254.

14 同前註釋所引用之著作：P. 260。

因素——探究的因素，因為人們在形成和規劃心目中的目標時，總是相信如果付諸實行，將會滿足現存的需求或缺憾，解決既有的衝突。」[15]

對於杜威而言，目的「只是從長遠觀點看到的一連串行動，而手段則是從眼前去看的一連串行動。工具和目的的區別只會在勘查擬定的行動的軌跡時出現，那是前後相續的時間序列。『目的』是擬想中的最後行動，手段則是在時間上比它早一步的行動。……手段和目的是同一個現實的兩個名字。這兩個語詞意指的不是現實的區隔，而是判斷上的區分。」[16]

杜威強調手段和目的的相互關係，在理性倫理學的發展上無疑是個舉足輕重的角色，尤其他提醒我們，那些將目的和手段分離的理論最後總是無濟於事。但是說「直到在心裡想出一個行動**方向**，我們才會**知道**我們其實在追求什麼」，聽起來也不太對。[17]事實上，我們可以從整個現象（人類）的經驗分析，確定我們的目的是什麼，即使我們還不知道可以用什麼手段達成它。我們可以提出有效的命題論述某些目的，雖然它們眼下還不夠成熟。人的科學可以給我們關於「人性模型」的觀念，由此得以演繹出目的，雖然還沒有找到成就它們的手段。[18]

五、倫理學和精神分析

根據前文所述，作為應用科學的人本主義和客觀主義的倫理學，它的發展和作為理論科學的心理學的發展是息息相關的。倫理學之所以從亞里斯多德發展到斯賓諾莎，大抵是由於後者的動態心理學勝過前者的靜態心理學。斯賓諾莎發現了潛意識的動機、聯想法則，以及童年經驗是如何在往後的人生中持續存在的現象。他的「欲望」概念是個動態概念，遠勝於亞里斯多德的「習性」概念。但是斯賓諾莎的心理學與其他十九世紀以前所有的心理學思想一樣，一直很抽象，沒有建立方法，以經驗性的研究和關於人的新資訊去檢驗它的理論。

---

15 John Dewey, "Theory of Valuation," in *International Encyclopedia of Unified Science*, Chicago: The University of Chicago Press, 1939, XI, No. 4, P. 34.

16 John Dewey, *Human Nature and Conduct*, New York: The Modern Library, Random House, 1930, PP. 34f.

17 同前註釋所引用之著作：P. 36。

18 例如，烏托邦是在手段實現以前對於目的的想像，然而它們不是無意義的；相反的，有些烏托邦甚至挹注了思想的進步，更不用說它們如何支撐著對於人類未來的信念。

經驗探究是杜威的倫理學和心理學中的關鍵概念。他認識到潛意識動機，而他提出「習性」的概念，也有別於傳統行為主義描述性的「習性」概念。他說現代臨床心理學「呈現了一種現實感，因為它主張潛意識力量在測定外顯行為、欲望、判斷、信念、理想化時的深刻重要性」[19]，這個說法證明了他對潛意識因素的重視，即使他沒有在其倫理學理論中徹底探討這個方法的所有可能性。

不管是從哲學或心理學的角度，都鮮少有人試圖把精神分析的研究成果應用到倫理學理論的發展[20]，這的確讓人詫異，因為精神分析的貢獻和倫理學理論尤其關係密切。

其中最重要的貢獻或許是在於，精神分析理論是現代第一個以人的整體人格（而非某個孤立面向）作為研究主題的心理學體系。傳統心理學方法局限於研究可以在實驗裡充分獨立觀察的現象，佛洛伊德捨棄這種方法，轉而發現一個新的方法讓他得以研究整體人格，理解人類行為的原因。這個方法，也就是透過對自由聯想、夢、口誤、移情作用的分析，將以往只在自我認知和內省時才會察覺到的「私密」資訊予以「公開」，可以在案主和分析師的溝通當中攤開來談。於是精神分析的方法得以窺見用其他方法觀察不到的現象，同時也揭露許多就連內省也不得其門而入的情緒性經驗，因為它們都被壓抑而遭拒於意識之門外。[21]

佛洛伊德在研究之初主要著眼於精神官能症的症狀，但隨著精神分析的進展，他發現唯有理解隱藏著精神官能症的性格結構，才能理解精神官能症的症狀。於是，精神官能症的性格（而非症狀）成了精神分析理論和治療的主要研究對象。佛洛伊德在從事精神官能症性格的研究時，為性格科學（性格學）奠立新的基礎，近幾個世紀以來，心理學一直對它視而不見，而任由小說家和劇作家自由發揮對它的想像。

精神分析的性格學發展儘管仍處於嬰兒期，但它對於倫理學理論的建立卻是不可或缺的。傳統倫理學探討的德性和罪惡一直存在著歧義，因為同一個語詞經常意指著不同、甚至部分矛盾的人性態度；唯有從「德性」或「惡行」所指稱的個人性格結構去理解，才能擺脫兩者的歧義性。一個孤立於性格背景之外的德性，結果可能無甚價值可言（例如說，由於恐懼或是補償潛抑的傲慢而導致的謙卑）；而如果可以從整個性格去理解惡行，則會有迥然不同的視野（例如說，傲慢可能是不安全感和自我貶抑的表現）。這個思考和倫理學息息相關；把德性和惡行當作單獨的特徵個別探討它們，既不

19 Dewey, *Human Nature and Conduct*, P. 86.

20 見Patrick Mullahy, "Values, Scientific Method and Psychoanalysis," *Psychiatry*, May, 1943。該文雖短，但是對精神分析領域貢獻卓著，在本書校訂期間出版了：J. C. Flugel, *Man, Morals and Society*, New York: International Universities Press, 1945。該書是一個精神分析師首度有系統且嚴肅地將精神分析的發現應用在倫理學理論。對於倫理學的精神分析觀點的種種問題以及深刻的批評（雖已遠遠不只是批評），詳見：Mortimer J. Adler, *What man Has Made of Man*, New York: Longmans, Green & Co., 1937。

21 另見Dewey, *Problems of Men*, PP. 250-272; Philip B. Rice, "Objectivity of Value Judgment and Types of Value Judgment," *Journal of Philosophy*, XV, 1934, 5-14, 533-543。

充分、也會產生誤導。倫理學的主題是性格，唯有參考整體的性格結構，才能對於單一的特徵或行動做出價值判斷。倫理學研究的真正對象是善良或是邪惡的性格，而不是指涉單一的德性或惡行。

精神分析裡的潛意識動機概念對倫理學的重要性也不遑多讓。雖說這個概念一般說來可以上溯到萊布尼茲（Leibniz）和斯賓諾莎，不過佛洛伊德是第一個在實證上詳盡研究潛意識渴望的人，因而也為人性動機奠立了理論的基礎。倫理思想的演化特徵在於，關於人類行為的價值判斷，是參照行動背後的動機，而不是行動本身。因此，對於潛意識動機的理解，為倫理學研究開啟了新的向度。誠如佛洛伊德所說的，「在『自我』（Ego）中，不只是最低下的，甚至是最優越的東西，都可能是潛意識的」[22]，倫理學的研究範疇中所不能忽略且最強烈的行為動機，也很可能是潛意識的。

儘管精神分析為關於「價值」的科學研究提供了絕佳的契機，佛洛伊德和他的學派卻沒有將他們的方法善用在倫理學的探討上；實際上，他們反而把倫理學問題搞得一團混亂。混亂是來自佛洛伊德的相對主義觀點，他認為心理學有助於我們理解價值判斷背後的**動機**，但不能幫助我們確定價值判斷本身的**有效性**。

在佛洛伊德的「超我」（Super-Ego／良心）理論裡，他的相對主義最為顯著。根據該理論，事物唯有剛好是父親的超我以及文化傳統裡的誡命和禁忌體系的一部分，才會成為良心的內容。**就此觀點而言，良心只不過是內化了的權威**。佛洛伊德對於超我的分析，也只是「威權主義的良心」的分析而已。[23]

關於這個相對主義的觀點，施洛德（T. Schroeder）的論文〈一個沒有善惡觀念的心理學家的態度〉（Attitude of One Amoral Psychologist）是很好的例證。[24]作者的結論是，「每個道德的評價都是情緒病態的產物——極度矛盾的衝動——衍生自過去的情緒經驗」，一個心中沒有預設善惡觀念的精神科醫師，「會將說教者的念頭以及知性的方法根據精神病學和心理演化加以分類，並以此取代道德標準、價值和判斷。」接著作者就混淆了問題，「擺脫道德觀念的心理學演化，對於任何事物的是非對錯沒有絕對或永恆的規則」，讓人以為科學真的有什麼「絕對而永恆」的陳述。

他和佛洛伊德的超我理論略有不同，認為道德基本上是為了反抗人性天生的惡而形成的。他說兒童對性愛的渴望是以父母親中的異性方為對象，其結果就是憎恨父母親中同性的敵手；敵對、恐懼和罪惡感都必然由此早期情境中產生（伊底帕斯情結）。這個理論可以說是「原罪」概念的世俗化版本。佛洛伊德主張，既然近親通姦和弒親的本能衝動是人性中不可或缺的部分，人就必須發展出倫理規範，社會生活才可能存在。在原始時代是禁忌的體系，接著發展成沒有那麼原始的倫理體系，之後

---

22 S. Freud, *The Ego and the Id*, Joan Riviere & V. Woolf tr., London: Hogarth Press and the Institute of Psychoanalysis, 1935, P. 133.

23 詳細的討論請參考第四章。

24 *The Psychoanalytic Review*, XXXI, No. 3, July, 1944, 329-335.

人們開始建立社會行為的規範，以保護個人和團體免於這些本能衝動的危害。

然而佛洛伊德的立場並非自始至終都是相對主義的。他真誠地相信真理是人們渴望追求的，也相信人有能力去追求真理，因為人天生就有理性。他在討論「人生哲學」[25]時顯然是反對相對主義的。對於主張真理「只是我們的需求和欲望在各種外在環境下形成的產物」的理論，佛洛伊德是嗤之以鼻的；根據他的意見，這種「無政府主義式」的理論，「一遇到現實生活就不攻自破了」。他相信理性的力量，相信它可以團結人類，掙脫迷信的枷鎖，這正是啟蒙運動哲學典型的情操。這個對於真理的信仰，正是他的精神分析治療的基礎。就這點而言，佛洛伊德延續了自佛陀和蘇格拉底以降的思想傳統，相信真理是使人擁有德性、自由，以及——用佛洛伊德的話說——「健康」的力量。分析治療旨在以理性（自我）取代非理性（本我）（id）。根據這個看法，分析的情境可以定義為致力於追求真理的兩造（分析師和病人）。治療的目標是恢復健康，而藥方正是真理和理性。在如此虛矯的文化裡預設一個坦誠以對的情境，或許是佛洛伊德天才的最高表現。

同樣的，佛洛伊德在他的性格學裡也採取非相對主義的立場，雖然只是透過暗示來表現。他假設，力比多（Libido，性本能）的發展會從口腔期經過肛門期持續到性器期。對健康的人而言，性器取向漸漸占優勢。雖然佛洛伊德沒有明確提到倫理價值，其中卻有著隱含的關係：前性器期取向的特徵是依賴、貪心和吝嗇的態度，在倫理上都低於性器期的特徵，也就是有創造性、成熟的性格。於是佛洛伊德的性格學蘊含著一個原則：德性是人的發展的自然目標。這個發展可能因特定且多半是外在的環境而受阻，因而導致精神官能症性格的形成。然而，正常的成長可以養成成熟、獨立、有創造性的性格，能夠愛人和工作。歸根究柢地說，對佛洛伊德而言，健康和德性是同一回事。

但是他並沒有凸顯性格和倫理學的這個關係，反而必須含糊其詞，一部分是因為佛洛伊德在相對主義以及暗地裡所認可的人本主義倫理價值之間的矛盾，另一部分則是因為雖然佛洛伊德主要是探討精神官能症的性格，卻不怎麼注意到關於性器期和成熟期的性格的分析和描述。

在評論過「人的處境」，以及它對於性格發展的重要性以後，我會在下一章詳細分析相當於性器期性格的「創造性取向」（productive orientation）。

---

25 S. Freud, New *Introductory Lectures on Psychoanalysis*, W. J. H. Sprott, tr., New York: W. W. Norton & Company, 1937, PP. 240-241.

第三章

人性和性格

我是個人，
正如其他人一樣，
我能看能聽
能吃能喝
所有動物都會那麼做。
但是「我是我」，這卻僅僅是我的
只屬於我
不屬於其他人；
不屬於別人
不屬於天使或上帝——
除非
我和祂合而為一。

——艾克哈特大師《雅歌註釋殘篇》
（*Fragments of the Commentary on the Song of Songs survive*）

一、人的處境

一個人代表整個人類。他是人類這個物種的個例。他既是「他」也是「全體」；他是個有其特質的個體，在這個意義下是獨一無二的，但他同時也代表了人類的所有特性。他的個體人格是由所有人共有的人類存在特質所決定的。因此，在探討人性以前，必須先討論人的處境。

（一）人的生物性弱點

讓人類與動物生活有別的第一個元素是負面的：在適應周遭環境的過程裡，人類相對地缺少了本能性的調節機制。動物適應世界的模式從頭到尾都一樣，如果牠的本能配備再也跟不上變動的環境，就會面臨絕種。動物會改變自己以適應變動的環境，也就是自體成形的方式（autoplastically），而不會藉由改變環境，也就是異質成形的方式（alloplastically）。如是，動物過著和諧的生活，這不是說牠不會有掙扎，而是說牠的天生配備使牠成為牠的世界中固定而不變的一部分；牠若非適應了環境，就是走向絕種。

動物的本能配備越是不完整、不固定，其腦部乃至於學習能力就會越發達。人的出現可以說是本能的適應力在演化過程中達到最低點的時候，但是他與生俱來的性質，使得他和動物截然不同：他自覺是個別的實體，他可以回憶過去，可以展望未來，能夠以符號指稱事物和動作；他以理性去構思和理解世界；他的想像力遠遠超越感官的範圍。人是所有動物當中最無助的，但是這個生物性的弱點，也正是他的力量基礎，是讓他發展出人類特有性質的首要原因。

（二）人類在生存和歷史上的兩難

自覺、理性和想像力，已經破壞了動物生活典型的「和諧」。它們的出現使人成了異類，變成世界裡的怪胎。他固然是自然的一部分，服從自然的種種法則而沒辦法改變它們，但是他又超越了自然的其他部分。他既是一分子，卻又與眾不同；他無家可歸，卻又和所有生命一樣，有著共同的家的繫縛。他被拋到這個世界裡，在一個偶然的場所和時間又偶然地被趕出去。透過他的自覺，他認識到自己的無力以及存在的種種限制。他可以想見自己的終點——死亡。他存在的兩難處境始終揮之不去。他不能擺脫他的心智——即使他真的想這麼做——但只要他還活著，他就不能擺脫他的身體；而他的身體讓他想要活下去。

理性既是人的福分也是詛咒，它迫使人不得喘息地試圖解決一個無解的兩難。在這個方面，人的存在迥異於其他生物，他的存在處於一個長期而不可避免的失調狀態。人不能只是靠著重複他的物種的模式「過日子」；他必須生活。人是唯一會覺得無聊的動物，會感到憾恨，甚至覺得自己被逐出樂園。人是唯一認為其存在是一個必須解決而不能逃避的問題的動物。他不能回到人類出現以前和自然和諧相處的狀態；他必須不斷發展他的理性，直到他成為自然以及他自己的主宰。

理性的出現在人類身上創造了一個兩難，迫使他永不止息地追求新的答案。人類歷史的動力正是理性的存在本身，它使得人不斷發展，並藉此創造一個屬於他自己的世界；在這個世界裡，他以及他的同伴都感到安穩。人每達到一個階段都只會感到憾恨和茫然，而這個茫然又催促著他去追尋新的答案。人沒有天生的「進步驅力」，讓他一路走下去的，是他存在裡的矛盾。他失去了樂園，失去了和大自然的和諧狀態，於是終身飄萍無寄（奧德修斯、伊底帕斯、亞伯拉罕、浮士德）；他被迫往前走，在知識的空白上填滿答案，藉此把未知的變成已知。他必須對自己解釋自己，以及他的存在意義。他被驅策去克服這個內在的分裂，焦灼不安地渴望「絕對性」，渴望另一種和諧，那和諧可以袚除使他和大自然、他人甚至與他自己斷裂的詛咒。

人的本性裡的分裂導致了我所謂「存在的」（existential）[1]兩難，因為它們就植基於人的存在裡；它們是人不能消弭的矛盾，但是人可以根據其本身的性格和文化，以各種方式去回應它們。

最根本的「存在的兩難」是生與死。「人終有一死」是無法改變的事實。每個人都知道這個事實，而這樣的覺知深深影響了他的生活。但是死亡始終是生命的對立面，和生活經驗既不相干也不相容。所有對於死亡的知識都不能改變一個事實：死亡不是生命裡有意義的部分，我們除了接受死亡的事實以外，什麼也不能做；因此，就我們的生活而言，這些知識終究是無效的。「人以皮代皮，情願捨去一切所有的，保全性命。」（《舊約．約伯記》2：4）誠如斯賓諾莎在《倫理學》中所說的：「自由的人絕少思考到死；他的智慧不是死的默念，而是生的沉思。」人試圖以意識形態去否認這個兩難，也就是基督宗教的「不朽」概念，它預設了靈魂不朽，因而否認了人類生命將隨著死亡而結束的事實。

人皆有死的事實導致了另一個兩難：雖說所有人都是一切人類潛能的載體，但是他的生命如此短暫，即使是在最有利的環境下，都不容許他完全實現它們。只有當個人的生命和全體人類一樣長，他才有辦法參與在歷史過程裡發生的人類發展。人的生命的開始和結束都是在種族演化歷程裡的一個偶然時刻，和個人實現身而為人所有潛能的抱負有著很可悲的衝突，但他至少隱隱感覺到在他可以實現的、以及真正實現的東西之間的矛盾。同樣的，意識形態試圖調停或否認這個矛盾，它假設生命在死後才會真正實現，或者假設他自己的歷史時期是人類登峰造極的最終成就。還有其他人主張，生命的意義不在於它的完全開展，而在於社會服務和社會責任；相較於國家繁榮、社群或任何象徵永恆權力而超越個人的東西，個人的發展、自由和幸福只是次要的，甚或是微不足道的。

人既是孤單的，也是相濡以沫的。他是孤單的，因為他是獨一無二的實體，不等於任何他者，而且也意識到他的自我是個孤立的實體。當他必須僅僅以理性力量去判斷和抉擇時，他只能是孤單的。然而，他無法忍受孤單，無法忍受離群索居，他的快樂取決於他和同伴、祖先和後代的凝聚力。

與存在的兩難截然不同的，是個人和社會生活在歷史上的許多矛盾現象，它們不是人類生存的必然部分，而是人為的、可解決的，可以在發生的當下或人類歷史的後期予以解決。滿足物質欲望的科技方興未艾，而人卻沒辦法只將之用在增進人類的和平和福祉，不過，這種當代的矛盾是有解的，那並非必然的矛盾，而是因為人缺少了勇氣和智慧。古代希臘的奴隸制度或許是比較難解決的矛盾之一，唯有到了歷史後期，當人類平等的物質基礎穩固以後，才有辦法找到解決之道。

存在的兩難以及歷史上兩難的區分很重要，因為它們之間的混淆影響十分深遠。支持歷史矛盾的人急於證明它們是存在上的兩難，因而是不能改變的。他們試圖說服人們：「凡是不應該存在的，就不可能存在」，人應該安時處順，接受悲劇命運。但是雖然他們把兩種矛盾混為一談，卻不足以阻止人解決它們的企圖。

1 我用「存在」這個詞時，不是指涉存在主義的術語。在修訂手稿時，我才讀了沙特的《蒼蠅》和〈存在主義是人文主義嗎？〉一文，但不覺得有更動或增補的必要。雖然它們有若干共同點，我說不上來有多麼一致，因為我還沒有讀過沙特的主要哲學著作。

人心有個特質，那就是在面對矛盾時不會消極地不作為，而會想辦法解決矛盾，人類的所有進步都是拜這個特質所賜。如果人沒辦法以行動回應他對於矛盾的意識，那麼他就必須否認這個矛盾的存在。調停進而否定矛盾，是個人生活的合理化以及社會生活的意識形態（社會模式的合理化）的作用所在。然而，如果只有理性的答案和真理才能滿足人心，那麼這些意識形態就無濟於事。此外，人還有另一個特質，那就是會把他所處文化裡絕大多數人的意見或是權威所主張的想法視為真理。如果共識或權威可以調解意識形態，人心就會對它讓步，雖然無法對其完全滿意的接受。

人可以透過自己的行動消弭歷史上的矛盾，但是不能解消存在上的兩難，他可以藉著安撫和調停意識形態而讓他的心得到平息；他可以縱情聲色犬馬或專注於事業來逃避內心的輾轉反側；他可以拋棄自由，讓自己成為外在於他的權力的工具，使自我淹沒在權力之中，但是他還是會有缺憾、焦慮和不安。他的難題只有一個解答：面對真相，承認他處於一個和他的命運漠不相關的宇宙裡最根本的孤單和孤獨之中，承認沒有一個超越他的能力可以替他解決難題。

人必須為自己負責，唯有憑藉己力，才能為生命賦予意義，但這個意義並不蘊含著確定性；況且追求確定性有礙於意義的追尋。不確定性正是驅策人發揮力量的條件，如果他在面對真理時沒有感到驚慌失措，那麼他將會認識到，除非他能發揮力量、過著創造性的生活，藉此為生命賦予意義，否則生命將不會有任何意義。而唯有持續的警覺、行動和努力，才能讓我們不致錯失了一個至關重要的使命——在我們的存在法則的限制下，充分發揮我們的力量。人會不斷地感到迷惘、懷疑、提出新問題。他唯有認識到人的處境，也就是內在於他的存在裡的兩難以及他發揮力量的能力，才能夠完成這個使命；做他自己、追尋自我，充分實現他的特殊稟賦——理性、愛和創造性的工作——以獲致幸福。

在討論過人類生命裡存在性的兩難之後，我們可以回到本章開頭所說的，要探討人格，就必須先討論人的處境。這句話更確切的意思是：心理學必須以涉及人類存在的人類學和哲學概念作為基礎。

人類行為最顯著的特徵，是表現出無比強烈的激情和追求。佛洛伊德比誰都清楚這個事實，並且試圖以當時的機械主義和自然主義思考方式去解釋它。他假設說，即使有些激情不能說是自我保存和性本能（或是他後來所謂的愛欲和死亡本能）的外顯表現，它們仍然只是這些本能的、生物性驅力更間接而複雜的表現。儘管他的假設鏗鏘有力，但是對於人類大部分的激情追求都無法以本能力量來解釋的事實，這些假設卻視而不見，因而失去了說服力。即使人的飢渴和性愛追求完全得到滿足，「他」仍然會感到缺憾。和動物相反，人類最迫切的問題並沒有解決，而是正要開始。他追求權力，或是愛，或是毀滅；他為了宗教、政治或人道主義的理想而置個人死生於度外，而這些追求正構成並表現了人類生命的特質。的確，「人不能光靠麵包而活著」。

相對於佛洛伊德的機械主義和自然主義的解釋，這句話曾經被詮釋為：人有一種天生的宗教需求，我們不能從他的自然存在解釋它，而必須以超越他、衍生自超自然力量的東西去解釋。不過後者的假設是不必要的，因為只要充分了解人的處境，就可以解釋這個現象。

由於人類存在的失調而產生了種種需求，那是超越其動物性的需求。它們導致一種命令式的驅力，務使他和本性的其他部分恢復一致性和平衡感。他首先在思想裡試圖恢復這個一致性和平衡，也就是在心裡建構一個無所不包的世界圖像，以此作為參考座標，回答他在世界裡的定位，以及應何所為的問題。然而，光是這樣的思想體系還不夠。如果人只是沒有身體的知性，那麼一個完備的思想體系就足以完成他的目標。但是，既然他是個身心具足的實體，就不能只是在心裡上回應他存在的兩難，而必須是在生活的過程裡，在他的感受和行動裡。他必須在其存有的所有層次上追求一致性和合而為一的經驗，藉此尋求一個新的平衡。因此，任何堪用的定位系統，不只蘊含著知性元素，也包括在人類每個行動領域等待實現的感受和意識的元素。信仰一個目標、或一個理念，或諸如上帝那樣超越人類的力量，都是在生命歷程裡渴望圓滿的表現。

關於人對於方向和信仰的渴望的種種答案，不管在形式或內容上都大異其趣。其中有原始的體系，例如泛靈論（animism）和圖騰崇拜（totemism）中，自然事物或祖先都代表著人對意義的追求的答案。也有諸如佛教之類的非有神論（non-theistic）體系，它們一般都被稱為宗教，雖然在其原始形式裡並沒有上帝的概念。此外也有哲學體系，例如斯多噶學派（Stoicism），還有一神論的宗教，以上帝的概念給予追尋意義的人一個答案。在探討這些形形色色的體系時，我們受制於一個術語上的困難。如果不是「宗教」一詞基於歷史的理由被等同於有神論的體系、圍繞著上帝的體系，我們其實可以把它們都稱作宗教體系。而在我們的語言裡，沒有一個語詞同時意指有神論和非有神論的體系，也就是所有試圖為追尋意義以及理解自己存在的人提供一個答案的思想體系。因為沒有比較好的字眼，我只好把所有體系都叫作「定位和信仰的架構」（frame of orientation and devotion）。

然而我要強調的重點是：有許多被視為世俗性的其他追求，它們和哲學以及宗教體系其實是出於相同的需求。我們不妨思考一下在我們的時代裡所觀察到的：在我們的文化裡，我們看到數不清的人蠅營狗苟於成就和名聲。我們也看到在其他文化裡，支持的群眾對於征服和支配的獨裁體制投以瘋狂的忠誠，那些激情甚至比自我保存的驅力還要強烈，讓我們不禁瞠目結舌。我們很容易被這些目標的俗世內容誤導，把它們解釋成性欲或其他類似生物性渴望的結果。但是在追求這些目標時的強度和狂熱，難道不是和我們在宗教裡看到的顯然一模一樣嗎？所有這些定位和信仰的世俗體系，難道不是只在內容上有所不同，但它們試圖解答的基本需求並無二致？在我們的文化裡，整個情況之所以特別讓人摸不著頭緒，那是因為大多數人「信仰」的是一神論，而他們真正的信仰體系則是比較接近圖騰及偶像崇拜，而不是任何形式的基督宗教。

但是我們必須進一步探究。因為理解這些文化模式的世俗性追求的「宗教性」本質，是了解精神官能症以及不理性渴望的關鍵。我們必須把後者視為給與追求定位和信仰的人們的答案——個人的答案。如果說，一個人的經驗是由「他對家庭的固著（fixation）」來決定，否則他沒辦法獨立行動，那麼他其實就是原始祖先崇拜的信徒，而他和數百萬個祖先崇拜者之間的差別，只是在於他的體系是私人的，而不是一種文化模式。佛洛伊德承認宗教和精神官能症之間的關係，而把宗教解釋成一種精神官能症的形式，雖然我們得到的結論是應該把精神官能症解釋成宗教的一種特殊形式，其主要差別在於它是個人的、沒有固定模式的。

我們在人類動機的一般性問題上會得到一個結論，那就是雖說每個人都需要一個定位和信仰的體系，但是滿足該需求的體系的個殊內容則有差異。這些差異是價值上的差異；成熟、有創造性、理性的人，會選擇一個讓他得以成熟、有創造性、有理性的體系。至於有發展障礙的人，則必定會回到原始而不理性的體系，而該體系反過來則又會擴展和助長他的依賴和不理性。他會停留在數千年前人類中的佼佼者早已經超越的層次。

由於對定位和信仰體系的需求是人類存在的內在元素，我們可以明白這個需求的強度。的確，在人的力量泉源當中，沒有比它更勢不可擋的。人沒辦法自由選擇要不要有「理想」，但是他可以在不同種類的理想之間做選擇，選擇信仰權力和毀滅，或是理性和愛。所有人都是「理想主義者」，也都在追求身體滿足以外的成就，差別只在於他們所信仰的不同理想。人類心靈最卓越、也可能最邪惡的化身，並不是血肉之軀的表現，而是這個「理想主義」的表現——他的精神表現。因此，主張說只要有理想或宗教感受就是有價值的，這種相對主義既危險又荒謬。

我們必須探求、了解每一種理想，包括在世俗的意識形態裡看起來像是表現人類需求的理想，而我們對它們的判斷，也必須是根據它們的真理、它們是否有助於人類發揮力量，是否滿足人在世界裡平衡與和諧的需求，以及它們是不是真正的解決之道。接著，我要再強調一次，在理解人的處境以前，必須先理解人的動機。

二、人格

人是大同小異的，因為他們都擁有人的處境，以及與生俱來的存在的兩難，不過每個人在解決人生問題的特定方式上則是獨一無二的。人格的無限多樣性本身就是人類存在的特徵。

我所理解的人格，是遺傳的和習得的整體心理性質，它是個人的特徵，也是使個人獨一無二的地方。遺傳和習得的性質之間的差別大抵上可以說：一方面是氣質、天賦以及所有先天的心理性質，另一方面則是性格。氣質上的差異並沒有倫理學上的意義，而性格上的差異卻是倫理學上真正的問題所在；它們表現了個人在生活藝術方面的成就程度。為了避免時下「氣質」和「性格」用法的混淆，我們先約略討論一下氣質的問題。

（一）氣質

希波克拉底斯（Hippocrates）區分了四種氣質：黃膽質（choleric）、多血質（sanguine）、憂鬱質

（melancholic）和黏液質（phlegmatic）。多血質和黃膽質的反應模式是容易激動、好惡無常，前者的好惡比較不明顯，後者則比較強烈。相反的，黏液質和憂鬱質比較固執，但是喜怒好惡的反應比較緩慢，前者的好惡較不明顯，而後者則比較強烈。[2]希波克拉底斯認為不同的反應模式和不同的身體原因有關。（耐人尋味的是，在一般用法裡，人們只記得這些氣質的負面性質：黃膽質意謂著易怒；憂鬱質意謂著抑鬱；多血質意謂著過度樂觀；而黏液質則意謂著遲鈍冷淡。）在馮德（Wundt）的時代以前，研究氣質的人一直沿用這些氣質的範疇，而現代最重要的氣質類型概念，則是由榮格（Jung）、克雷奇默（Kretschmer）和薛爾頓（Shelton）所提出的。[3]

關於這方面進一步研究的重要性毋庸置疑，尤其是氣質和身體歷程的相互關係。但是我們有必要清楚區分性格和氣質，因為這兩個概念的混為一談將阻礙性格學以及氣質研究的進展。

氣質指的是反應的**模式**，它是先天上不能改變的，而性格基本上是由人的經驗所形成，尤其是童年經驗，會因後天的見識和新的經驗而有若干程度的改變。例如一個人有黃膽型氣質，他的反應模式就會是「快速而強烈」。至於他對於什麼東西的反應快速而強烈，則取決於與之相關的性格。如果他是個創造性的、正義的、有愛心的人，當他愛人的時候，當他和不義交戰的時候，當他想到新點子的時候，他就會反應快速而強烈。如果他是個毀滅性或是虐待狂的性格，他在毀滅或殘忍行為方面就會反應快速而強烈。

氣質和性格的混為一談對倫理學造成了嚴重的後果。由於氣質的差異而產生的各種偏好，只是主觀品味的問題，但是性格差異在倫理學上卻是至關重要的事。有個例子或許有助於釐清這個問題。戈林和希姆勒[4]是氣質迥異的兩個人，前者有循環性氣質（cyclothyme），後者則有精神分裂氣質（schizothyme）。因此，從主觀偏好的觀點來看，受循環性氣質吸引的人，會比較「喜歡」戈林甚於希姆勒，反之亦然。然而，根據性格的觀點，兩個人都有相同的特質：他們都是躊躇滿志的虐待狂。因此，就倫理的觀點而言，他們同樣邪惡。反之，在創造性的性格當中，人們可能偏好黃膽型氣質甚於多血型氣質；但是這樣的判斷不能構成對於這兩個人分別的價值判斷。[5]

在應用榮格的氣質概念時，也就是「內向」和「外向」，我們經常看到同樣的混淆。偏好外向的人會把內向形容成壓抑的、有精神官能症的；偏好內向的人則把外向形容成膚淺而且缺乏韌性和深度。其謬誤在於把擁有一種氣質的「好人」拿來和擁有另一種氣質的「壞人」相提並論，而把價值的差異歸因於氣質的差別。

2 四種氣質分別以四種元素為象徵：黃膽質＝火＝熱和乾燥、迅速而強烈；多血質＝風＝溫暖而潮溼、迅速而軟弱；黏液質＝水＝冷而潮溼、遲緩而軟弱；憂鬱質＝土＝冷而乾燥，遲緩而強烈。

3 另見Charles William Morris, *Paths of Life* (New York: Harper & Brothers, 1942)。作者將氣質的類型應用到文化上。

4 譯註：戈林（Hermann Goering, 1893-1946）為德國納粹黨重要人物，曾任空軍總司令、國會議長，設立祕密警察機關「蓋世太保」，戰後於紐倫堡大審中被判處絞刑，但在行刑前服毒自殺。希姆勒（Heinrich Himmler, 1900-1945）曾任納粹德國內政部長、親衛隊首領，號稱「有史以來最殘忍的劊子手」。

我想氣質和性格的混淆對於倫理學的影響程度已經夠清楚了。它一方面讓我們對於氣質和我們不同的種族群起而攻之，另一方面助長了相對主義，認為性格和氣質一樣，它們的差別充其量只是品味的差別而已。

因此，如果要討論倫理學，我們必須先探討性格的概念，它既是倫理判斷的主題，也是人的倫理發展的對象。同樣的，我們必須先釐清傳統上混淆的背景討論，在這裡主要著眼於性格的動力概念和行為主義（behavioristic）概念。

（二）性格

1 性格的動力概念

主張行為主義的心理學家會把性格特徵等同於行為特徵。根據這個觀點，性格被定義成「某個個人特有的行為模式」[6]，而其他作者如麥道格（William McDougall）、戈登（R. G. Gordon）和克里奇默，則強調性格特徵的意圖（conative）和動力（dynamic）元素。

佛洛伊德首創最切實且精闢的性格理論，他認為性格是作為行為的基礎（而不等於行為本身）所追求的體系。如果要了解佛洛伊德的性格動力理論，比較行為特徵和性格特徵會很有幫助。行為特徵的描述是依據可以由第三者觀察到的行動。因此，例如「勇敢」的行為特徵，就會定義成冒著失去個人利益、自由或生命的危險而勇往直前的行為。而節儉作為另一種行為特徵，則會被定義成節省金錢或其他物質的行為。

然而，如果我們探究這些行為的動機，尤其是潛意識的動機，我們會發現，行為特徵涉及許多完全不同的性格特徵。野心也可能是勇敢行為的動機，在某些情況下，人可能冒著生命危險以滿足沽名釣譽的渴望，或者，自殺的衝動也可能是勇敢行為的動機，因為他有意識或無意識地輕賤他的生命，而想要自我毀滅；甚至於，勇敢行為的動機也可能是單純地缺乏想像力，使得一個人暴虎馮河，對眼

---

5 關於氣質和性格的混為一談有以下例證：克雷奇默雖然在「氣質」一詞的使用上大抵一致，卻將它的書命名為《體格與性格》（*Physique and Character*）而不是「氣質與體格」。薛爾頓的書題為《氣質之種種》，但是在臨床應用上混淆了他的氣質概念。他的「氣質」包含了氣質的單純特徵，再混雜了某種氣質的人身上會出現的性格特徵。如果說大多數的主體在情緒上沒有完全成熟，他們的某些氣質類型會顯現與該氣質有關的性格特徵。尤其是薛爾頓把交友隨便的特徵列為「內臟質」，然而只有不成熟、非創造性的內臟質才會交友隨便；創造性的內臟質在交往上則會有所揀擇。薛爾頓所列舉的特徵不是氣質特徵，而是經常和某種氣質和體格一起出現的性格特徵，只要大多數主體的成熟程度相仿。薛爾頓的方法完全依據「特徵」和體格在統計學上的相關性，而對特徵的表現沒有任何理論性分析，因此他的錯誤就很難避免了。

6 Leland E. Hinsie and Jacob Shatzky, *Psychiatric Dictionary* (New York: Oxford University Press, 1940).

前的危險渾然不覺；最後，勇敢的行為也可能是因為真正信仰一個理念或行動的目標——一般認為這樣的動機才是勇氣的基礎。

從表面上看，雖然動機各自不同，但所有這些例子裡發生的行為都是一樣的。我說「表面上」，因為只要仔細觀察這些行為就會發現，動機的差異也會導致行為的細微差異。例如，戰場上的軍官在不同情況下會有不同的行為，如果他勇敢的動機是因為信仰一個理念而不是基於野心的話。就前者而言，如果風險和戰術目標不成比例，他在某些情況下不會發動攻擊。另一方面，如果他是虛榮心作祟，那麼他就會看不到在他及他的士兵面前的危險。在第二種情況下，「勇氣」的行為特徵顯然是個相當歧義性的資產。

節儉是另一個很好的例子。一個人或許會礙於經濟狀況而量入為出；也或許，這個人是生性吝嗇使然，不管是否有現實的必要性，他都會為節省而節省。同樣的，不同的動機也會造成行為本身的差異。就前者而言，他應該有能力分辨在什麼情況下該省錢，什麼情況下花錢是比較聰明的事。就後者而言，他會不管是否有客觀需要，都拚命地省錢。另一個由動機的差異決定的因素，則是行為的預測。受野心驅使的「勇敢」軍人，我們可以預測，他只有在勇氣能夠得到回報時才會奮勇作戰。但如果這個軍人是因為信仰某些使命而衝鋒陷陣，那麼我們可以預測，不管他的勇氣是否得到承認，對他的英勇行為都不會有什麼影響。

佛洛伊德關於行為特徵的意圖理論和他的潛意識動機概念息息相關。他認識到許多偉大的小說家和劇作家早就知道的事：誠如巴爾札克（Balzac）所說的，性格的探討涉及「使人產生動機的種種力量」；人的行為舉止、感覺和思考，大抵都取決於他的性格特徵，而不只是對於現實狀況的理性反應的結果；正所謂「性格決定命運」。佛洛伊德認識到性格的動力性質，也認識到一個人的性格結構代表著在生命歷程中疏導能量的一種特殊形式。

佛洛伊德將他的性格學和原欲理論結合起來，試圖解釋性格特徵的這個動力本質。根據十九世紀後期自然科學盛行的唯物論思考，假設大自然和心理現象的能量是實體性的而不是關係性的事物，佛洛伊德相信性的驅力是性格的能量來源。他以許多複雜而出色的假設，將不同的性格特徵解釋成對於形形色色性驅力的「昇華」（sublimation）或「反向作用」（reaction formations）。他把性格特徵的**動力本質**詮釋成它們的**原欲根源**的表現。

隨著自然科學和社會科學的日新月異，精神分析理論的進展催生了一個新的概念，它不以基本上孤立的個體的觀念為基礎，而是奠基於人和他者、社會以及自我的**關係**。它假設說，支配並控制人在激情追求中所顯現的能量的，正是這個關係。這個新觀點的先驅之一，蘇利文（H. S. Sullivan）也據此將精神分析定義成「人際關係的研究」。

以下介紹的理論是依據佛洛伊德性格學的若干要點：它假設性格特徵是行為的基礎，唯有從行為才能推斷其性格特徵；它們構成種種力量，雖然披堅執銳，但是人們或許對它渾然不覺。根據佛洛伊德的說法，這個理論假設性格中的基本存有物不是單獨的性格特徵，而是整個性格結構，許多單獨的性格特徵都是依據它而形成的。這些性格特徵必須理解為一種症候群，肇因自一個特殊的結構，或是如我所說的「性格取向」（orientation of character）。我將僅探討少數幾個由性格取向直接產生的性格特徵。其他的性格特徵也都可以類此探討，因而證明它們是基本取向的直接產物，或這類主要性格特徵和氣質特徵混合的結果。然而，在一般所謂的性格特徵中，我們會發現有很多不能算是我們所以為的性格特徵，而只是單純的氣質或行為特徵。

這裡提出的性格理論和佛洛伊德的主要差別在於，性格的根本基礎不在於原欲結構的各種類型，而是一個人和世界的特定關係。在生命歷程中，人和世界的關係是建立在：一、習得和同化事物；二、和人群（以及他自己）的關係。前者我稱為同化（assimilation）過程；後者則是社會化過程。這兩種關係形式都是「開放的」，而不像動物那樣由本能決定。人們可能是透過接受或取得外界事物而習得它們，或是以一己之力創造它們，但他終究必須以某種方式習得或同化它們，才能滿足他的需求。再者，人也不能離群索居，和別人不相往來。為了防衛、工作、性愛的滿足、遊戲、教養下一代、知識和物質財產的傳遞，他必須和別人來往。但是除此之外，他也有必要和他人聯繫，和他們成為一體，成為團體的一部分。徹底與世隔絕既讓人難以忍受，也不是明智的事。人也可以透過各種方式和別人往來：他可以愛也可以恨，可以競爭或合作，他可以建立以平等或威權、自由或壓迫為基礎的社會體系；但是他必須先以某種方式建立關係，而特殊的關係形式就表現了他的性格。

個人藉以和世界建立關係的這些取向構成了他的性格核心；「性格」可以定義為人在同化和社會

化歷程中（相對固定），一種能量的疏導形式。這種心理能量的疏導有個很重要的生物性功能，因為人的行動不是由天生的本能模式決定的，如果他每一次行動、每個步驟都必須深思熟慮的話，生活的確會變得很不穩定。相反的，許多行動必須間不容緩地完成，而沒有時間思慮斟酌。再者，如果有所有行動都是依據謹慎的決定，在行動當中會發生更多的前後矛盾，而和它的自然運作產生齟齬。根據行為主義的思考，人是以半自動的方式學會如何反應，他會發展出行動和思考的習慣，這些習慣即所謂的「條件反射」（conditioned reflex）。雖然這個觀點多少有它的道理，卻忽視了一個事實，那就是一個人特有的、難以改變的最根深柢固的習慣和意見，都是從他的性格結構裡產生的：它們表現了能量在性格結構裡的特殊疏導形式。性格系統可以視為人類用以取代動物本能系統的東西。一旦能量以某種形式被疏導，行動就可以「忠於性格」。一個特殊的性格或許在倫理上沒那麼討喜，但是它至少讓人的行為舉止相當一致，而不必每次都得重新謹慎地做決定。他可以安排一個適性的生活，在內在和外在情境之間創造若干程度的相容性。其次，就一個人的觀念和價值而言，性格也具有選取的功能。由於對大多數人來說，觀念似乎和他們的情感、願望以及對於邏輯演繹的態度無關，他們會覺得他們的觀念和判斷足以證實他們對世界的態度，雖然這些觀念和判斷其實和他們的行為舉止一樣，都是性格造就的結果。而這個證實反過來則會穩定他們的性格結構，因為它會讓後者看起來正確而合理。

性格的功能不只是讓個人的行為一致而「合理」，它也是社會調適的基礎。兒童的性格是由父母親的性格塑造而成，是孩童回應父母時所發展出來的。而父母親及其訓練孩子的方式，則又取決於他們所處文化的社會結構。一般的家庭都是社會的「心理機構」（psychic agency），而兒童在適應家庭時也養成了性格，因此長大後能夠適應社會生活裡該做的事。他養成的性格讓他會想要做他應該做的事，而他和社會裡相同階級以及文化成員的核心性格也大致相同。同一個社會階級和文化中大多數成員在性格的重要元素上的大同小異，以及足以代表一個文化裡大多數人相同的性格結構的「社會性格」，說明了社會和文化模式對於性格形成的影響程度。

但是，我們必須區分社會性格以及個人性格的不同，後者正是同個文化裡每一個人的差異所在。這些差異的部分成因是父母親的人格不同，以及兒童成長的特定社會環境的差異，無論是心理或物質上的。但是每個個人的先天性差異，尤其是氣質上的不同，也是成因之一。就發生學而言，個人性格的形成是取決於生命經驗對於氣質和生理構造的衝擊，不管是個人的或是來自文化的，對於任何兩個人而言，環境不會完全相同，因為構造上的差異，使得他們對於相同的經驗方式也多少有些不同。人在順應文化時所養成的行為和思考習慣，並不是根植於一個人的性格，而是非常容易因為新的社會模式的影響而改變。另一方面，如果一個人的行為是源自他的性格，這個行為會充滿能量，而且只有當一個人的性格發生根本的變化，其行為才會跟著改變。

在後文的分析裡，我會區別**非創造性取向**（non-productive orientation）和**創造性取向**（productive orientation）。[7]必須注意的是，這些概念都是「理想型」（ideal-types），而不是對某種個人性格的描述。其次，雖然為了掉個書袋，我會分別處理它們，不過一個人的性格通常是由所有或某些取向所合成的，儘管其中會有些取向特別顯著。最後，我在此要說，在描述非創造性取向時，我只會提到它們的負面部分，至於它們的正面部分，則會在本章後面略述之。8

2 性格的類型：非創造性的取向

接受型取向

在接受型取向（receptive orientation）裡，一個人會覺得「一切利益的根源」都是來自外界，而他也相信，要得到他想要的——不管是物質、感情、愛、知識、快感——唯一的方法是向外索求。在這個取向裡，愛的問題幾乎都是「被愛」的問題，而不是付出愛的問題。這種人在選擇該愛誰的時候總是很任性，因為被愛的經驗對他而言重於一切，只要有人愛他們，或是感覺像是愛的東西，都會讓他

7 讀者如果要從所有類型的描述開始研究，請參見124頁的圖表。

8 詳參「各種取向的混合」一節。以下非創造性取向的描述，除了市場型以外，都是依據佛洛伊德和其他人關於前性器期性格的臨床描述。在討論囤積型性格時，則有明顯的理論差別。

們「無法自拔」。對於他們所愛的人所展現出的退縮或拒絕，他們會非常敏感。在他們的思考層面上也會有這種取向：如果他們夠聰明，他們會成為最好的傾聽者，因為他們的取向是接收想法，而不是產生想法；真要他們說一說自己的想法，他們反而會呆若木雞。

這種人的第一個念頭總是找別人提供他們所需要的訊息，一點也不會想要自己動腦筋思考。如果他們有宗教信仰的話，他們關於上帝的概念會是一切都指望上帝，而不會想到自己該做些什麼。就算他們沒有宗教信仰，他們和他人以及體制的關係也沒什麼兩樣；他們總是在尋找一個「神奇幫手」。他們會表現出一種很特殊的忠誠，但骨子裡其實是在感謝對他們伸出的援手，也害怕失去它。由於他們需要很多幫助才會安心，他們就必須對很多人表現忠誠。他們很難說「不」，而他們時常為了相互衝突的忠誠和承諾而左右為難。既然他們沒辦法說「不」，也就樂於對任何事和任何人說「好」，這導致他們的批判能力陷於癱瘓，也使得他們越來越依賴他人。

他們不只是在知識和幫助方面依賴權威，他們也依賴一般人的各種支持。孤單的時候，他們會覺得很迷惘，因為他們覺得沒有別人的幫助就什麼都做不到。尤其是那些必須獨力為之的行動、做決定和擔負責任，讓他們特別感到無助。例如說，在個人關係上，他們會尋求和他們的決定有關的人的意見。

接受型的人很喜歡吃吃喝喝，這些人傾向於藉由飲食克服焦慮和憂鬱。嘴巴是尤其顯著的特徵，通常是表情最豐富的器官；他們的嘴脣經常張開，宛若隨時都等著被餵食。在他們的夢裡，被餵食經常象徵著被愛，挨餓則是挫折或失望的表現。

這種接受型取向的人，其人生觀大抵是樂觀而友善的，他們對於生命及其餽贈很有信心，但當他們的「供應來源」受到威脅時，他們就會焦慮而心煩意亂。他們經常熱心助人，不過多半是為了博取別人的好感。

剝削型取向

剝削型取向就像接受型一樣，基本前提是覺得一切利益都源於外在世界，不管意欲為何，都要從外界尋求，沒辦法靠自己創造出來。然而兩者的差別在於，剝削型的人不把他人給與的東西視為禮物，而是憑著武力和狡詐從他人手中奪走。這個取向也適用於這類人所有的行動原則。

在愛和情感的領域裡，這類人不是搶奪就是偷取，只有從別人手中偷來的人，才讓他們覺得被吸引。對他們而言，吸引力的條件在於別人是否也執著於同一對象，他們不會愛上沒有人喜歡的人。

在思考和知識的追求上，我們也發現相同的態度。這類人不喜歡創造想法，只想剽竊別人的想法。他們可能會直接抄襲，或是換一個表達方式，以不易被察覺的方式重述別人的觀念，然後堅稱那是自己的創見。顯然聰明人時常這麼做，雖然他們靠天賦也可以產生自己的想法，然而這些明明才華橫溢的人卻不能自出機杼、獨立創作，原因便在於他們的這種性格取向，而非天生缺乏創意。

他們對物質事物的取向亦復如是。從別人手裡奪來的東西似乎總比自己創造來得好，他們只要能榨取什麼東西，就想利用或剝削任何的人事物。他們的座右銘是：「偷來的水果最甜。」因為他們喜歡利用和剝削別人，他們會「愛上」或隱或顯的理想剝削對象，而對於被他們榨乾的人則會感到「厭倦」。偷竊癖（kleptomaniac）是個極端的例子，他只喜歡能夠偷得的東西，即使他有能力購買。

「毒舌」是這種取向人的主要特徵。我在這裡不玩文字遊戲說他們對別人總是言辭「辛辣刻薄」，他們的態度中總是摻雜著敵意和操弄。每個人都是他剝削的對象，而他也會根據利用價值去評判每個人。接受型的特色是自信和樂觀，而剝削型則是猜疑、玩世不恭、羨慕和妒忌。由於只有從別人那裡搶來的東西才能滿足他們，因此他們也會高估別人所擁有的，而輕忽自己手裡的東西。

囤積型取向

接受型和剝削型的人都想向外馳求，囤積型的人則有著本質上的差別。這個取向使人不怎麼相信從外在世界可以得到的新事物；他們的安全感建立在囤積和儲蓄上，認為花費是一種威脅。他們周遭宛如樹立一道防護牆，目的在把東西都囤積在深溝高壘裡，盡量不讓它們外流。他們的吝嗇涉及金錢、物質層面，乃至於感情和思想。愛對他們來說基本上是一種占有；他們不會付出愛，但會試圖藉著占有「被愛者」以得到愛。囤積型的人對於別人、甚至回憶都表現出一種特殊的忠誠。他們的濫情使得過往變得美好，他們緊抓著過去，沉溺在逝去的感情和經驗的回憶中。他們博學多聞，但是在創造性思考方面卻乏善可陳，而且力有未逮。

我們也可以從臉部表情和姿勢認出這種人。他們總是抿著嘴脣，身體的姿勢也總是畏畏縮縮的。接受型的人姿態顯得迷人而坦率，而剝削型的人則咄咄逼人而直截了當，至於囤積型的人，他們的姿態生硬笨拙，宛如強調他們和外在世界之間的楚河漢界。這個態度的另一個特色就是很迂腐地要求有條不紊，他們必須把東西、思緒、整理得井然有序，但在記憶方面，他的秩序感就顯得貧乏而死板。他不能忍受東西亂擺，總是不由自主地想重新整理它們。對他而言，外在世界有侵入他的堡壘之虞，秩序意謂著讓外界事物各安其位，以避免被入侵的危險，他們藉此宰制外在的世界。他的強迫性潔癖也表示他必須清除和外界的接觸，舉凡自身界線以外的事物，他都覺得有危險而「不乾淨」。他會以強迫性洗濯消除有威脅性的接觸，類似宗教上規定的那種在接觸到不潔事物或人之後的潔淨儀式。各種事物不僅必須各安其位，也必須各順其時，因此強迫性的守時習慣也是囤積型的特色之一，那是另一種宰制外在世界的形式。如果他覺得外界會威脅到他的堡壘，那麼頑固就會是合乎邏輯的反應了。不斷地說「不」是對於入侵的自發性防衛，觀望則是對受人擺布的危險的回應。這些人大抵覺得他們只擁有一定的力氣、能量或心智能力，一旦花掉了，存量就會減少、甚至枯竭到再也無法重新補充。他們不明白所有生命都有自我補充的功能，行動和能力的使用會增強他們的力量，停滯不前才反而會癱瘓它。對他們而言，死亡和毀滅比生命和成長更為實在。他們聽說創世行動的神蹟，但是不相信。他們的最高價值是秩序和安全，他們的座右銘是：「太陽底下沒有新鮮事。」在人際關係上，親密關係是一種威脅；他們認為所謂的安全不是遠離一個人，就是占有他。囤積型的人疑心病重，也有一種很特別的正義感，那其實是在說：「我的是我的，你的是你的。」

市場型取向

市場型取向直到近代才發展成一個主要類型。為了理解它的本質，我們不能把市場在近代社會裡的經濟功能只視為這種性格取向的類比，而必須把它當作近代人發展這種性格取向的基礎和主要條件。

以物易物是最古老的經濟機制。然而，傳統的地方市場基本上有別於近代資本主義所發展出來的市場。地方市場實物交易的特色，讓人為了交換商品而有機會聚集在一起，生產者和顧客彼此熟識，組成一個相對來說狹小的團體，也多少知道彼此的需求，使得生產者可以根據特定需求來生產。

現代市場[9]已不再是個市集，而是具有抽象意義且非個人需求特性的機制。人們為了這個市場而生產東西，而非為了某個已知的顧客群，而市場則根據供需法則來下結論，決定商品是否可以出售及售價如何。例如一雙鞋，不管它的**使用價值**如何，若是供過於求，有些鞋子就會在經濟上被判處死刑，可能根本就不會被生產。就商品的**交易價值**而言，市場的交易日就是「末日審判」。

讀者或許會抗議如此描述市場有過度簡化之嫌。生產者的確會事先判斷需求，在壟斷的情況下甚至多少可以控制市場，然而市場的調控功能一直占有足夠的優勢，深遠地影響了城市中產階級的性格形成，並經由社會文化的影響力擴及於所有人民。由於價值的市場概念強調的是交易價值而非使用價值，因此可以推論出人對自我的價值觀。人將自我視為商品，將自我價值視為交易價值，這種以自我經驗作為基礎的性格，我稱之為「市場型取向」（marketing orientation）。

在我們的時代裡，隨著近幾十年來所謂「個性市場」（personality market）的發展，市場取向持續快速的成長。店員和業務員、企業主管和醫生或律師和藝術家，都在這個市場裡亮相。他們之中有些人是獨立的，以服務收取費用；有些人則是支薪的受僱階級，儘管法律身分和經濟地位各有不同，但其物質成就莫不取決於服務對象或雇主對他們的接受度。

無論是在個性市場或商品市場，評價的原則都相同，前者出售的是個性，後者出售的是商品。對這兩者而言，價值都是指交易價值，至於使用價值，則只是必要條件而非充分條件。誠然，如果一個人只在個性方面和藹可親，卻在業務執行上不具備相關技能，那麼我們的經濟體系就無法運作。一個在紐約公園大道（Park Avenue）上開診所的醫師，如果不具備起碼的知識和技術，診所設備再怎麼豪華，臨床態度再怎麼好，他都無法成功。一個祕書個性再怎麼迷人，除非她的打字速度在合理的程度，否則難保不丟飯碗。然而，當我們分別衡量技術和個性何者為成功的要件時，我們發現只有在例外情況裡，技術或諸如誠實、舉止得體和正直等人性特質，才會成為成功的原因。

9 關於現代市場的歷史和功能的研究，詳參K. Polanyi, *The Great Transformation* (New York: Rinehart & Company, 1944)。

雖然作為成功的前提，技術和人性特質及「個性」的比例因人而異，但是「個性」這個元素總是扮演著關鍵性角色。成功大抵取決於一個人如何在市場上自我推銷，他的個性是否讓人印象深刻，他的自我「包裝」是否得當；他是不是「樂觀開朗」、「識見卓越」、「積極進取」、「忠實可靠」、「有企圖心」；再者，他的家庭出身如何？屬於哪個社團？是否有相關人脈？一個人需要哪一種個性類型，或多或少取決於特定的工作領域。股票經紀人、業務員、祕書、鐵路公司主管、大學教授或飯店經理……都必須提供不同的個性，儘管這些事務南轅北轍，但都必須滿足一個條件——也就是有需求。

為了成功，光是技術和業務能力是不夠的，一個人必須在與他人競爭時「推銷」他的個性，這個事實形成了一個人對自己的態度。如果僅憑知識和能力就足以謀生，一個人的自尊就會和他的能力成正比，也就是他的使用價值；但是由於成功大抵取決於如何推銷自己的個性，於是人會自覺是個商品，或者是推銷員的同時，也是待價而沽的商品。一個人關心的不是他的生活和幸福，而是他是否賣得出去。如果商品也會感覺和思考，好比櫃台上的一只手提包，應該也會有類似的感受吧。每一只手提包都會盡力讓自己「有吸引力」，以獲得顧客的青睞，並且看起來很高貴，才能以比其他競品更高的價格賣出去。以最高價出售的手提包會洋洋得意，因為那意謂著它是「最有價值的」，而賣不出去的則會覺得悲哀，自認一文不值。同樣的命運也會降臨到另一種手提包身上，這種手提包雖然款式出眾而實用，卻因為時尚潮流改變，而不幸退了流行。

就像手提包一樣，人也必須在個性市場裡趕流行，為了趕流行，也必須知道哪一種個性的需求量最大。整個教育歷程都會以這樣的方式傳授這類知識，從幼稚園到大學，每個家庭都在灌輸這個知識。然而，每個人在個性發展早期所習得的知識仍然不夠，它只強調某些一般性質，諸如適應力、企圖心，並且重視別人善變的期待，以至於對成功模式更明確的想像，必須在其他地方習得。畫報、報紙和電視新聞莫不呈現形形色色成功人士的照片和生活軼聞，平面廣告也有類似的功能。成衣廣告裡事業有成的經理就是人們效法的模範，如果人們想在當代個性市場裡賺「大錢」的話。

在那些對民眾宣傳什麼是最受歡迎的個性型態的工具當中，電影應該是最重要的。女孩競相模仿身價不凡的明星表情、髮型和儀態，作為成功的終南捷徑；男孩則打扮得和銀幕上看到的偶像一模一樣。雖然一般百姓鮮少接觸到成功人士的生活，但他們和電影的關係則不同。一般人和大明星的確欠缺真正的交集，但可以透過銀幕反覆看到他們，可以寫信給他們，得到他們的簽名照。以前的演員在社會上受人鄙視，卻成為偉大詩人將作品呈現給觀眾的傳聲筒，而現在我們的電影明星沒有什麼偉大作品或觀念可以傳達，他們的功能只是作為一般人和「偉人」的世界之間的橋梁。就算一般人不敢奢望像他們那樣成功，但仍可以試著模仿他們，因為他們是心目中的聖人，而且由於他們的成功，所以他們也代表著某種生活的行為準則。

由於現代人覺得自己既是銷售員又是市場裡待價而沽的商品，他的自尊也就取決於這些莫可奈何的種種條件，如果「成功」了，他就身價不凡，如果失敗了，他就一文不值——因為這個取向而產生的不安全感實在不容小覷。如果一個人覺得他的價值不在於他所擁有的人性特質，而在於他在瞬息萬變競爭市場裡所能達到的成就，那麼他的自尊就很容易動搖，經常需要他人的肯定。於是他開始不由自主地競逐成就，任何挫折都是對其自尊的嚴重威脅，無助、不安全感和自卑感更是接踵而至。如果市場的盛衰是人的價值的裁判者，那麼尊嚴和驕傲都會蕩然無存。

但是問題不只出在自我評價和自尊，人對自己作為獨立個體的經驗以及**自我認同感**也會出問題。我們在下文會看到，成熟和有創造性的個體，他的認同感來自於覺得自己是個和本身能力合而為一的行為者，他的自我感簡單來講就是「**我做了什麼，我就是什麼**」的意思。然而，在市場型取向裡，人和他自己的力量對峙，宛如和他所疏離的商品的關係。他並沒有和本身力量合而為一，而被他的力量給遮蔽了，因為重要的不是在發揮力量過程中的自我實現，而是成功地推銷自己。但是他所擁有的力量和獲得的產物已異化成和他不同的東西，讓別人論斷和使用的東西，因此他的認同感和自尊一樣靠不住，它是由一個人可以扮演的所有角色所構成的：「**你要我是什麼，我就是什麼**。」

易卜生（Henrik Ibsen）在《皮爾金》（*Peer Gynt*）裡表現了這種自我狀態：皮爾金試圖尋找自我，但他發現他就像一顆洋蔥，可以一層層地剝掉而找不到核心。由於人沒有了認同就無法生存，因此市場型取向的人只能在別人對他的意見裡找認同，而不是在他自身的力量裡確立自我。他的名聲、地位、成就，以及他在別人眼裡是個什麼樣的人，取代了真正的認同感。如此處境使得他完全依賴於別人對他的看法，他不得不繼續扮演以前曾成功過的角色。如果說，我和我的力量是兩回事，那麼我的自我就真的只能視我所賣得的價格而定了。

人們對他者的經驗也和其自我經驗沒什麼兩樣。[10]人們也將別人視為商品，他人同樣沒有真正呈現出**自己**，而只是賣得出去的部分。個體間的不同被化約為單純的量的差異，包括有**多少**成就、吸引力，乃至於價值。這個歷程和市場上的商品如出一轍，一幅畫或一雙鞋，都可以表現或化約為其交易價值和價格，於是，很多雙鞋「等於」一幅畫。同理，人們彼此間的不同也被化約為一個共同元素，也就是他們在市場的價格。至於每個人獨特的個體性則無甚價值，事實上僅是個壓艙物。所謂「獨特」（peculiar）這個字的意思，便充分表現了這種態度：獨特性不是指一個人最大的成就（也就是發展其個體性），而幾乎和「古怪」同義。「平等」一詞的意義也不同以往：人人生來平等的觀念蘊含著所有人都有相同的基本權利，只能被視為目的本身而不是工具；但現今的「平等」則同義於**可交換性**（interchangeability），那正是對個體性的否定。平等不再是發展個體的先決條件，而意謂著個體性的泯滅，這也是市場型取向的人所展現的典型「無我」（selflessness）。「平等」原本是和「差別」並列的意義，但是它變成了「無差別」（in-difference）（漠不相關），而「漠不相關」就成了現代人和自己以及他人關係的特徵。

這些情況難免改變了人際關係。當個別的自我被忽略，人際關係必然漸趨膚淺，因為建立關係的

---

10 本書第四章會解釋對自己和對他人的關係是相連的。

不是他們自己，而是一種可交換的商品。人既不能、也承擔不起對於彼此唯一而「獨特」的東西的關心。然而，市場也創造了自成一類的「夥伴關係」。每個人都投入同一場競爭的戰役，每個人都有對成就的渴望，所有人也都面對著相同的市場條件（或至少他們以為如此）。每個人都知道彼此的感覺如何，因為他們都在同一艘船上：孤單、害怕失敗、熱中於取悅別人；這是一場殘酷無情的戰爭，也不會有人期望別人的憐憫。

由於人際關係的膚淺性格，使得許多人渴望在個人的愛裡可以找到刻骨銘心的感覺。但是愛一個人和愛鄰人是不可分割的；在任何文化裡，愛的關係只是較強烈地表現出該文化中普遍存在的人際關係而已。因此期待以個人的愛讓深植於市場型取向的人能夠療癒孤單，無異於緣木求魚。

思考和感覺同樣也是由市場型取向決定的。思考意謂著必須快速掌握事物，才能將它們玩弄於股掌間。由於教育的普及和成功，人增長了知識，但是並沒有變得更理性。[11]為了宰制事物，他們只需要知道事物的表面特徵——也就是那些膚淺的東西——就行了。深入現象的本質才能揭露的真理變成了一種過時的概念——這不只是指近代科學之前的「絕對」真理、沒有經驗支持的獨斷主張，更包括那些以理性觀察為基礎而且容許修正的真理。大部分的智力測驗都是為了這種思考而設計的，它們不是在測量理性和理解能力，而是心智快速適應特定狀況的能力；它們應稱為「心智適應測驗」比較恰當。[12]對於這種思考而言，如何應用比較的範疇以及定量測量才是最重要的，而非深入分析單一現象及其性質。所有的問題都同樣「有趣」，但其各自的重要性差異則無關緊要。知識本身成了商品。人於此再度和他自身的能力疏離，他們所經驗到的思考和認知只是用以產生結果的工具。關於人類自身的知識，也就是心理學，在西方偉大的思想傳統裡曾被視為德性、安身立命和幸福的條件，而今卻淪為操弄自我和他人的工具，不管是在市場調查、政治宣傳或廣告等，都是顯例。

這類思考顯然對我們的教育系統形成了深遠的影響。從小學到大學或研究所，學習的目的是盡可能蒐集主要對市場有用的資訊。學生要學習許多他們幾乎沒時間思考的東西。他們接受更多教育的主要動機，不是對於傳授科目的知識或見解本身有興趣，而是因為知識可以增加自己的交換價值。我們看到現在的人熱中於知識和教育，但是對於所謂非實用性、沒有用處、「只是」探討真理而在市場上沒有交換價值的思考，卻抱持著懷疑甚至輕蔑的態度。

雖然我說過市場型取向是非創造性的取向之一，但它在許多方面其實是自成一類的。接受型、剝削型和囤積型的取向都有個共同的思維：它們都是一種人際關係的形式，如果在一個人心裡居主導地位，就成了他的特色。（下文我會指出，這四種取向不一定具有此處所描述的負面性質。）[13] 然而，市場型取向卻不會在人們心裡發展出有任何作用的東西（除非我們荒謬地主張「什麼也沒有」也是人

---

11 知性和理性的差別在下文討論。

12 另見Ernest Schachtel, 'Zum Begriff und zur Diagnosis der Persönlichkeit in 'Personality Tests', *Zeitschrift, für Sozialforschung* (Jahrgang 6, 1937), PP. 597-624。

的稟賦之一）；它的本質正在於它不會發展出任何特定而不變的關係，這個取向唯一不變的性質，就是它的態度的可變性。

在這個取向裡，只會發展出銷路最好的特質。沒有哪個態度是特別占優勢的，任何值得擁有的性質都可能立刻補上空缺。然而這個「性質」已經失去它原本的意義；它只是個角色，假託為性質，但只要有另一個更值得擁有的性質，那麼它就隨時都可以被交換掉。因此，例如說，名望有時是值得擁有的性質。企業裡某個部門的業務應該以他的忠實可靠、頭腦清醒以及美好聲譽讓大眾印象深刻——這些都是十九世紀許多企業的真正特質。而現在我們認為一個人值得信賴，只因為他**看起來**一副擁有這些特質的樣子；這個人在個性市場上所推銷的，是他的角色扮演能力；至於角色背後是什麼樣的人，既無關緊要也沒有人關心。他自己也不在意他是否誠實，只在意他可以從市場裡攫取到什麼。「虛無」是市場型取向的前提，沒有任何性質是不能改變的，因為任何持續性的性格特徵有一天都可能和市場的要求相互衝突。有些角色會和個人的獨特性扞格不入，因此我們必須拋棄它們——不是拋棄角色，而是拋棄獨特性。市場型的個性必須是自由的，必須擺脫掉所有的個體性。

以上所描述的種種性格取向，絕非如概述中所說的那麼涇渭分明。例如說，接受型取向或許在一個人心裡占有主導地位，但是它通常會摻雜著其他取向，可能是一種，也可能是全部。本章後面會討論各種取向混合的方式，不過現在我要先強調的是，所有取向都是人類稟賦的一部分，任何特定取向的主導性，大抵取決於個人所屬文化的特異性。雖然關於各種取向和社會模式之間關係的詳盡分析，主要是社會心理學研究的範疇，但對於這四種非創造性類型的主導性背後的社會生成條件，我還是想提出一個暫時性的假設。值得注意的是，對於性格取向和社會結構的關係的研究，其重要性不只是在於它有助於理解性格形成最重要的原因，更在於特定的取向——由於它們是一個文化或社會階級裡大多數成員所共有的——代表著強烈的情緒力量，我們如果要了解社會的功能，就必須知道它們是如何運作的。有鑑於時下流行強調文化對於人格的衝擊，我想說的是，社會和個人的關係不能只是理解成文化模式和社會制度如何「影響」個人，它們的互動其實深刻得多；個人的人格多半是由人們的相互關係所型塑而成的，也相當依賴於他們在社會上的經濟和政治結構，以致在原則上，我們可以從對個人的分析推論出他所屬的社會結構。

當社會裡的群體都覺得有權利彼此剝削時，接受型取向的人就處處可見。由於被剝削的群體無力、或者壓根沒想到要改變現狀，他們會把他們的主人當作供應者，彷彿生活裡的一切都得自於他們的主人。不管奴隸得到的東西有多麼微薄，他都會覺得如果僅憑一己之力，得到的東西會更少，因為社會結構讓他相信他無法靠自己的行為和理性建立社會結構。以當代美國文化為例，乍看之下，接受型取向似乎完全不存在。我們的整個文化、觀念和風俗，在在壓抑了接受型取向，它強調每個人都要為自己著想，為自己負責，如果他想要「有點成就」的話，就必須發揮積極進取的精神。然而，雖然

13 詳參「各種取向的混合」一節。

接受型取向被壓抑了，卻不表示它不存在。前文談到從眾和取悅他人的需求，導致無助的感覺，那就是現代人難以捉摸的接受性（receptiveness）的根源，這在對於「專家」和輿論的態度上尤其顯著。

人們期待每個領域都有個專家，可以告訴他們事物的來龍去脈，以及如何處置；也認為只要聽他的話、把他的觀念照單全收就行了。我們有科學專家、幸福專家，以及成為生活藝術專家的作家，只因為他們是暢銷書的作者。這個隱晦卻無所不在的接受性在現代的「傳說」裡顯得有些怪誕，尤其是在廣告的推波助瀾之下。雖然每個人都知道在現行生活裡沒有「一夕致富」這種事，許多人還是做著不勞而獲的白日夢。我們可以從若干小配件的使用一窺端倪；不必換檔的汽車、不必拔掉筆套的自動原子筆，這種夢想的故事摭拾皆是。接受型取向在關於幸福人生的規劃上特別普遍。以下是很典型的一段話，作者說：「這本書告訴你如何勝過以前的你——快樂、健康、充滿活力、自信、有才幹、無憂無慮。你不必參加什麼費力的身心課程；它簡單得多……這裡揭露的成功之道或許看來很不可思議，因為我們很少人會想到**不勞而獲**……可是事實就是如此，你們都會見證到它。」[14]

剝削型性格的座右銘是「我要什麼，就拿什麼」，它可以回溯到海盜和封建時代的祖先，乃至於十九世紀巧取豪奪陸地自然資源的強盜資本家。誠如馬克斯．韋伯（Max Weber）所說的，熙來攘往以追求利潤的「賤民」和「投機」資本家，正是這種人的寫照，他們操贏致奇，無所不用其極地追求權力和財富。十八、九世紀在競爭的情況下運作的自由市場，更加助長了這種類型。在我們的時代，我們看到威權體系下明目張膽的剝削的復辟，它試圖剝削自然和人力資源，當然不是他們自己的國家，而是他們的武力足以侵略的其他國家。他們主張強權，而他們合理化的藉口不外乎優勝劣敗的自然法則；愛和正直是軟弱的跡象；思考是膽小鬼和變態才會做的事。

囤積型取向在十八、九世紀和剝削型取向脣齒相依。囤積型的人比較保守，他們對於巧取豪奪的興趣不若按部就班的財務規劃，而且他們以合理的原則以及既得利益的保存為基礎。對他們而言，財產是他們自我的象徵，保護好財產才是最重要的事。這個取向給予他許多安全感；他們擁有財產和家庭，在就像十九世紀相對穩定的環境下保護它們，這就構成了安全而且容易管理的世界。清教徒強調工作和成功是善的證明的倫理觀，也支持了這種安全感，試圖為生命賦予意義以及宗教性的成就感。穩定的世界、穩定的財產、穩定的倫理，在在賦予中產階級成員一種歸屬感、自信和驕傲。

在十八、九世紀，市場型取向還沒有出現；它完全是現代的產物。包裝、標籤和品牌對於人和商品而言漸趨重要，這都是不久前開始的事。工作信條已經失去意義，銷售的真理才是至高無上的。在封建時代，社會流動（social mobility）極為有限，人不能憑著他的人格脫穎而出。而在競爭市場的年代裡，社會流動就比較大，尤其是美國；如果人「做好本份的工作」（delivered the goods「交貨」），就有機會跬步千里。現在，相較於上一個時期，個人白手起家的機會則少了許多，想要出人頭地就必須迎合大型組織，而扮演好別人期待的角色，則是他的主要資產之一。

---

14 Hal Falvey, *Ten Seconds That Will Change Your Life* (Chicago: Wilcox & Follett, 1946).

人格解體（depersonalization）、虛無、生命了無意義、個人的自動化（automatization），使得人的缺憾感越來越嚴重，人開始渴望尋找更合適的生活方式以及成就那種生活的規範。以下我要討論的創造性取向則指向一種性格類型，對這種人而言，他的所有潛能的成長和發展是所有其他行為的鵠的。

3 創造性的取向

一般特徵

從古代和中世紀文學到十九世紀末期的論著，對於怎樣才是好人、怎樣才是好的社會，提出了許多重要的看法。這其中有些是哲學和神學論述，有些則是烏托邦的形式。到了二十世紀，這樣的觀點顯然銷聲匿跡。他們強調的是對人類和社會的批判性分析，只隱約暗示著關於人應該是什麼的正面觀點。雖說這樣的批評至關重要而且是社會進步的條件，但是關於「更好」的人以及「更好的」社會的觀點付之闕如，使得人對於自己以及未來的信念也癱瘓了（這兩者其實是互為因果的）。

當代心理學，尤其是精神分析，在這方面也不例外。佛洛伊德和他的門徒對於精神官能症性格有精采的分析。他們對於非創造性性格的臨床描述（佛洛伊德稱為「前性器期」〔pregenital〕性格）既詳盡又正確——儘管這些理論概念有待商榷——但卻對正常、成熟而健康的人格的性格鮮少著墨。這個性格，即佛洛伊德所謂的「性器性格」，一直是個相當含混而抽象的概念。他把它定義成一個人的性格結構，當性器性欲占優勢時，口腔和肛門的原欲已經失去主導地位和功能，它的目標是在異性交媾。關於性器性格的描述不外乎是說：它是一個在社會化和性愛方面功能正常的個人性格結構。

在討論**創造性的性格**時，我大膽超越批判性分析，而是探討發展成熟的性格的本質，那正是人性發展的目標，同時也是人本主義倫理學的理想。的確，如果說我們在使用佛洛伊德的術語時，並不拘泥在他的原欲理論脈絡下的字面意義，而就其**象徵**意義而言，那麼它就能明確地指稱創造性的意義。因為性徵成熟的時期正是人有自然生產能力的時期；透過精子和卵子的結合，產生了新生命。這類的創造是人和動物共同的能力，而物質的創造則是人類特有的能力。人不只是理性和社會性動物，也可以被定義為創造的動物，能夠利用理性和想像力轉換手邊找得到的材料。他不只是能夠創造，為了生存，他也**必須**創造。然而，物質的創造只是作為某性格面向的創造性最常見的象徵而已，人格的「創造性取向」[15]指涉一種根本的態度，一種存在於所有人類經驗領域裡的**關係模式**，涵蓋了對他人、自己和事物的心智、情感和感官反應。創造性是指人有能力發揮力量，並且實現內在的潛能。如果我們說他能發揮他的力量，便意謂著他必須是自由的，不依賴任何控制他的力量的人。其次，這也蘊含著

15 本書所說的「創造性」是《逃避自由》裡的「自發性」（spontaneity）概念的延伸。

他是遵循著理性的個體，因為他唯有知道他有哪些能力，如何使用它們以及使用的目的，才能發揮它們。創造性意謂著他體驗到自己是他的力量的化身，是個「演員」；他覺得自己和他的力量是一體的，它們既沒有被遮翳，也沒有和他疏離。

為了避免「創造性」（productiveness，或譯創生性）這個詞所可能產生的誤解，我最好扼要討論一下「創造性」是什麼意思。

一般來說，「創造性」一詞讓人聯想到創造力，尤其是藝術的創意（Creativity）。的確，真正的藝術家是最讓人信服的創造性代表。然而不是所有藝術家都具有創造性，例如說，一幅墨守成規的畫，可能只是在畫布上唯妙唯肖地把人畫得跟照片一樣的技法展現而已。但是，一個人即使沒有創造看得見或有感染力的東西的天賦，也可以創造性地經驗、觀看、感覺和思考。**創造性是人人都可以擁有的一個態度，除非他有心理和情感的障礙。**

「創造性的」一詞也很容易和「主動的」（active）混為一談，「創造性」和「行動」（activity）亦然。雖說這兩個語詞可以是同義的（例如亞里斯多德所謂「行動的概念」），不過現代「行動」的意思卻和創造性正好相反。行動通常被定義為耗費能量以改變現狀的行為。相反的，如果一個人沒辦法改變現狀或潛移默化，反而受外在力量的影響或促迫，那麼我們會說他是「被動的」（passive）。這種流行的行動概念只是解釋了能量的消耗和它所導致的改變，並沒有區分主宰著行動的根本心理狀況。

一個在催眠狀態下的人的所作所為，就是非創造性行動的極端例子。一個在深度催眠入神狀態下的人或許會張開眼睛，或許會走路、談話、做事，他會有「行動」。行動的一般性定義的確適用於他，因為他耗費了能量，也造成了改變。但是如果我們思考這個行動的特殊性格和性質，我們會發現行動者其實不是被催眠者，而是催眠師透過暗示藉由他來從事行動。儘管催眠入神是人為狀態，卻是個極端而典型的情境，在其中，人可以行動，但不是真正的行動者，他的行動是一個他自己無法控制的強迫力量所導致的。

焦慮的反應是常見非創造性行動的類型，不管是急性或慢性的，有意識或無意識的，它經常潛伏在現代人的瘋狂成見裡。至於基於順從或依賴某個權威的行動，則有別於以焦慮為動機的行動，雖然其中時常摻雜著相同的成分。人們或許會畏懼、讚嘆或「愛戴」權威（這三者通常混合在一起），但是行動的原因則是權威的命令，不管是正式的誡命，或就其內容而言。一個人投入行動，因為權威要他那麼做；權威要他做什麼，他就做什麼。在威權主義性格裡可以看到這類的行動。對他而言，行動意謂著以在他的自我之上的事物為名。他可能憑藉著上帝、過去或責任的名義，但是不會以他自己為名。威權主義性格的人，他的行為念頭來自於某個高高在上的權力，那個權力既不容挑戰也不能改變，其結果就是他沒辦法傾聽來自他心裡的自發性念頭。16

自動操作的行動（automaton activity）也很類似順從的行動。它所憑藉的不是外顯的權威，而是如輿論、文化型態、常識或「科學」等匿名權威。人以他覺得應該如此的方式去感覺和行動；這種行動欠缺自發性，因為不是出於他自己的心理或情感經驗，而是來自外在的原因。

非理性的激情，是其中最有力的動因。吝嗇、受虐狂、羨慕、嫉妒及所有形式的貪婪，都會驅使人採取行動，然而這些人的行動既不是自由也不是理性的，而是違反理性以及身而為人的種種利益。他會不斷重複同樣的行為，越來越沒有彈性，越來越刻板固執。他是在行動，但這些行動都不是創造性的。

雖然這些行動的原因是非理性的，而行動者既不自由也不理性，但還是可能有重要的實際成果，成為物質上的斬獲。我們所謂「創造性」的概念，不是指必然得到實際結果的行動，而是指一種態度，一個反應模式，以及在生活裡對世界和自我的取向。我們要探討的是**人的性格**，而不是**他的成就**。[17]

創造性是指人發揮力量，實現特有的潛能。但是「力量」（power）是什麼？相當諷刺的是，「力量」一詞指涉了兩個相互矛盾的概念：「能力」（power of = capacity），以及「宰制」（power over = domination）。然而，這種矛盾具有特殊性：「宰制」其實是「能力」癱瘓之後的結果，也是「能力」的一種扭曲。人若能創造性地發揮力量，那就是他的潛能，如果沒辦法，那麼他就是無能的。他藉著理性的力量看透現象的表面，深入理解事物的本質；他藉著愛的力量打破將人我分隔的高牆；他藉著想像的力量想像不存在的事物；他也可以進行規劃，然後開始創造事物。如果人缺乏潛能，他和世界的關係就會扭曲成宰制的欲望，把別人視為事物般地控制對方。宰制與死亡相連，而內在力量則與生命相連。宰制出自於無能而反過來支撐他的無能，因為如果人可以威迫別人服事他，他對於創造性的渴望就會漸漸痲痺。

如果人能創造性地發揮力量，他和世界會是什麼樣的關係呢？

人可以用兩種方式去經驗外在世界：以複製的方式（reproductively）去覺知現實世界，猶如電影般忠實記錄鏡頭下的事物（即使是複製性的知覺，也需要心智的主動參與）；或者是以生成的方式（generatively）設想它，藉著心智和情感力量的自發性行動，為這個新材料賦予生命，重新創造它。雖然每個人或多或少都會有這兩種反應方式，但是每一種經驗各自的比重則大相逕庭，有時候其中一種方式會萎縮，而對於複製模式或生成模式任一種完全消失的探討，是了解這些個別現象的最佳途徑。

生成能力的相對萎縮在我們的文化裡屢見不鮮。這個人或許可以如實地（或根據他的文化所主張

---

16 但是威權主義性格不只順從別人，也會想控制別人。其實，虐待狂和受虐狂總是同時存在，只是在強度和潛抑程度上有所差別。（關於威權主義性格的討論，見《逃避自由》一書。）

17 關於創造性思考有個有趣但不很完整的分析，詳參Max Wertheimer, *Productive Thinking* (New York: Harper & Brothers, 1945)。此外，閔斯特堡（Hugo Münsterberg）、納托普（Paul Gerhard Natorp）、柏格森（Henri Bergson）和詹姆士（William James）也探討過創造性的若干面向；另見布倫塔諾（Franz Brentano）和胡賽爾（Edmund Husserl）對於心理「行動」的分析；狄爾泰（Wilhelm Dilthey）對於藝術創造的分析；以及O. Schwarz, *i* (Leipzig: Hirzel, 1929), PP. iii ff。然而這些作品都沒有就性格的關係去探討問題。

的真實）認知事物，但是不能打從心裡為他的知覺賦予生命。這種人是徹頭徹尾的「現實主義者」（realist），他只看到現象的表面特徵，而無法深入表層、探索其本質，也無法想像還沒有出現的事物。這類人能明察秋毫之末而不見輿薪，見樹而不見林。對他而言，現實只是已經物質化的事物的總和。這個人不是欠缺想像，他只是在計算想像，把所有已知和既存的因素加總起來，推論出它們的未來運作。

另一方面，喪失認知現實的能力的人就是精神失常。精神病患者會建立一個內心的現實世界，他在其中充滿自信；他活在自己的世界裡，所有人都認知到的共同因素對他而言是不真實的。如果一個人看到不存於實在界、而完全只是他想像出來的事物，那麼他就是有幻覺；他用他自己的感覺在詮釋事件，而不理會實在界發生了什麼事，或者是不願意承認它。妄想症患者或許相信他被迫害，隨便一句話都可能意謂著有人計畫羞辱或毀掉他。他認為就算沒有清楚明顯的意圖表現，也不能證明任何事；雖然那句話表面上無傷大雅，但如果「更深入」觀察，它的真正意思就昭然若揭。對於精神病患者而言，現實世界被抹煞了，而由一個內心世界取而代之。

「現實主義者」只看到事物的表面特徵；他看到表象世界，可以在心裡如攝影般地複製它，也可以就事物和人們在此影像中的形象操控它們。精神失常的人沒有能力看到實在界的實相；他所認知的實在界只是個象徵，是他內心世界的反映。這兩種人都是病態。和現實失去聯繫的精神病患產生了社會功能的障礙，至於「現實主義者」的病症則是使得身而為人的他越來越貧乏，雖說他沒有社會功能方面的障礙，但他對於現實的看法卻因為欠缺深度和透視而極度扭曲，只要涉及在直接資料的操控以及短程目標以外的事物，他就很容易犯錯。「現實主義」表面上與精神失常正好相反，但是其實兩者是互補的。

「現實主義」和精神失常的真正反面是創造性。正常人類可以藉由如實地感知世界而和這個世界自然而然建立關係，也可以想像它是憑著他的力量才獲得生命且更加豐盈。如果其中一個能力萎縮了，人就會生病，但是正常人是這兩種能力兼具的，雖然各自比重不一。複製能力和生成能力的存在，是創造性的先決條件，他們是對立的兩端，其互動正是創造性的動力來源。最後，我要強調的是，創造性不是這兩個能力的加總，而是從這個互動迸發出來的新事物。

我們剛才把創造性形容成和世界的一種特殊關係。現在問題來了，創造性的個人是否**創造**任何事物，如果有的話，那又是什麼？人的創造性當然可以創造物質事物、藝術作品、思想體系，**而最重要的創造對象，則是人自己**。

出生只是從受孕到死亡的生死流轉當中的一個環節。在這兩端之間是孕育一個人的潛能的歷程，孕育那兩端細胞裡所潛在的東西。只要有適當的條件，身體就會自行成長；但是相反的，心智層次則不會自動成長。要孕育出人的情感和知性潛能，孕育出他的自我，就必須有創造性的行動。人類境況的悲劇在於自我的發展沒有完成的一天，即使種種條件具足，人也只能實現部分的潛能。人總是在他完全誕生前死去。

雖然我無意闡述創造性概念的歷史，但是我想提出若干令人矚目的例證，或許有助於進一步澄清這個概念。

創造性是亞里斯多德倫理學體系裡的關鍵概念之一。他說我們可以藉由發現人的功能來判斷他的德性。正如吹笛人、雕塑家或任何藝術家，他認為「善」就在存在於那讓他有別於他人、使他成為自己的個殊功能，人的善也存在於使他有別於其他物種、讓他成為人的個殊功能。這樣的功能是「靈魂根據理性的現實活動，至少不能離開理性」[18]。「然而，是在『占有』或『實踐』當中把握最高的善，還是在『心境』或『行動』當中把握最高的善，此中大有區別。因為，一個人可以具有某個心境卻無法帶來善果，例如一個睡著了的人，或是一個感覺遲鈍的人。而現實活動卻不能這樣，它必然要有所行動，而且是最美好的行動。」[19]對於亞里斯多德而言，善良的人是在理性引導下，以他的行動孕育出人類特有潛能的人。

斯賓諾莎說：「德性與力量，我理解為同一種東西。」[20]自由和圓滿在於人了解自己，努力成為他在潛能上的自己，「越益接近（我們所建立的）人性模型」[21]。對於斯賓諾莎而言，德性等於使用人的種種力量；反之，無法使用自身力量即惡之所在；斯賓諾莎認為，惡的本質就在於它的軟弱無能。[22]

歌德（Goethe）和易卜生都曾以詩的形式生動美妙地表現出創造性行動的概念。**浮士德**（Faust）象徵著人類對於生命的永恆追尋。科學、快樂或權力，甚至是美麗，都沒辦法回答浮士德的問題。歌德認為，人類所追尋的唯一答案，就是創造性的行動，它就等同於善。

在貝亞德・泰勒（Bayard Taylor）的詩作〈天堂序曲〉（Prologue in Heaven）裡，上帝說使人困頓在迷津的，不是他的錯妄，而是他的不作為。

人的精神總是容易弛靡的，
稍有機會，就會貪愛絕對的安靜；
因此我才造出刺激活動的惡魔，
讓他來作人們的伴侶。
但願呀，你們這些真正的神子。
須得享受這些生動而豐饒的真美！
未濟的世界是永恆生動，

---

18 *Nicomachean Ethics*, 1098a, 8.
19 同前註釋所引用之著作：1098b, 32。
20 Spinoza, *Ethics*, IV, Def. 8.
21 同前註釋所引用之著作：IV, Preface。
22 同前註釋所引用之著作：IV, Prop. 20。

圍繞著你們心靈的以愛的欄柵，
一切遊移的現象浮沉飄盪。
你們須得用綿延的思維將它繫定。23

在第二部終曲，浮士德打賭贏了梅菲斯特（Mephistopheles）。他犯了錯、犯了罪，但是他沒有犯下最重要的罪：失去創造性。浮士德最後一段話談到滄海如何變成桑田，清楚地表現了這個觀念：

我為幾百萬人開拓疆土；
雖然還不安全，但也可自由經營。
原野青翠，土壤肥沃，
人畜都在這新生土地得到安居，
勇敢勤勉的人民築成那座高丘，
使人民可以衣食無憂，
外面雖有海濤不斷地衝擊堤岸，
而裡面卻安居樂業如同天國一般，
即使海潮洶湧，有潰堤的危險，

人民全體合力把漏穴堵塞。
是的！我完全獻身於這種旨趣，
這無疑是智慧最後的結論，
要每天去開拓生活，
然後才能夠作自由的享受。
所以在這兒有危險環繞著，
以便男女老幼都辛勤地操勞，
我願意看見這樣熙攘的群眾，
在自由的土地上居住著自由的國民。
那麼我要在這樣的剎那呼喚：
「你真美呀，請停留一下！」
我在地上的日子會遺留痕跡，
它將永遠不會化為烏有。——
我在這樣崇高的豫感之中，

---

23 Bayard Taylor, tr. (Boston: Houghton Mifflin Co.).

將在這最高的剎那享受幸福。24

歌德筆下的浮士德表現了對人的信念，那是十八、九世界進步主義思想的特色，而易卜生的《皮爾金》（寫於十九世紀下半葉），則是對於現代人的缺乏創造性所做出的批判性分析。該劇作的副題或許可以叫作「尋找自我的現代人」。皮爾金相信當他用盡一切力量賺錢成功時，他是為了自己而行動。他的生活信奉一個原則：「讓你自己富足」，而不是人性的原則：「忠於你自己」。他在死前發現他的巧取豪奪和自私自利讓他無法成為自己，一個人唯有具備創造性，實現潛能，才能真正的實現自我。皮爾金未能實現的潛能控訴他的「罪」，也指出他的人性失敗的真正原因——他喪失了創造性。易卜生的戲劇作品中有如下對白：

線球（在地上）
我們是思想，
你應該想到我們；
小小的腳，
你應該使我們誕生！……
我們本應該

伴著光榮的聲音升起；
但在這裡，
我們卻像線球一般固著於地。……

枯葉（隨風飄舞）
我們是一句口號，
你應該用到我們！
由於你的慵懶，
我們得不到生命。
小蟲兒把我們
啃得一乾二淨；
沒有果實要我們
來做王冠的陪襯。……

24 同前註釋所引用之著作：Part II, Act V。

空中的一聲嘆息
我們是歌曲，
你應該吟唱我們！
在你的內心深處
絕望折磨著我們！
我們躺著等待，
你卻不叫我們。
但願你的嗓子
被毒藥腐損！……

露珠（從樹枝上滴下來）
我們是從未
流過的眼淚。
刺骨的寒水
使大家心裡生畏。
我們卻能夠加以溶解；

但現在它的槍尖
已凍透了
一顆頑強的心。
傷口已經痊癒，
我們的力量也就失去。……

斷草
我們是你
未竟的事業；
被懷疑所扼殺，
未開始就破滅。
在最後審判日
我們將在那裡
述說我們的故事；
你要如何自處？[25]

至此，我們探討了創造性取向的一般特徵。現在我們必須逐一檢視創造性如何出現在個別的行動當中，因為唯有研究具體而個殊的情況，我們才能窺見全豹。

創造性的愛和思考

人類的存在特色在於，人是孤單的而且和世界隔離的；因為無法忍受與世隔絕，他不得不追尋關係和結合。他有很多方式可以實現這個渴望，但是作為獨一無二的存有者，只有一種方式才能讓他不受傷害；只有一種方式可以讓他在關係裡展現他自己的力量。人類存在的弔詭在於，人既渴望親密關係而又追求獨立，既想和他人結合又想要保存自身的獨特性和特殊性。[26]如前所述，這個弔詭——以及人的道德問題——的答案正是**創造性**。

透過行動和理解，人可以和世界建立創造性的關係。**人創造事物**，在創造的過程中得以支配物質。人透過愛和理性，在心智和情感上**理解世界**。他的理性力量讓他得以深入表層，藉著和對象建立主動的關係而把握它。愛的力量讓他得以打破和他人之間的高牆而理解他人。雖然愛和理性只是理解世界的兩種不同方式，而兩者缺一不可，但它們卻是不同力量的表現，也就是情感和思考的力量，因此必須分別討論之。

創造性的愛的概念，的確迥異於時下所謂的愛。幾乎沒有任何一個語詞比「愛」還要歧義而混淆。它幾乎用以指稱除了恨和厭惡以外的所有情感。它包括了每一個事物，從對冰淇淋的愛到對交響樂的愛，從輕微的同情到最熾熱的親密感。如果人們「愛上」某個人，他們會感覺到愛。他們會把他們的依賴叫作愛，也會把占有欲叫作愛。其實，他們相信沒有比愛一個人更容易的事，難只難在找到正確的對象，他們之所以沒辦法在愛裡找到幸福，是因為他們運氣不好，沒有找到正確的伴侶。但是，和這種混亂而一廂情願的想法相反的是，愛是一種非常特別的感覺；雖然每個人都有能力去愛，但是這個能力的實現卻是最困難的事。真正的愛植根於創造性，因此大可以叫作「創造性的愛」。不管是母親對孩子的愛、我們對別人的愛、或是兩個個體之間的愛欲，愛的本質並無二致。（對他人的愛和對自己的愛也都是一樣的，這點我們會在下文討論。）[27]儘管愛的對象有所不同，因而愛本身的強度和性質也有差別，不過還是有一些基本的元素可說是所有創造性的愛的特徵。它們是**關心、責任、尊重和認識**。

關心和責任意指著愛是個行動，而不是讓人不能自已的激情，也不是「襲上心頭」的情緒反應。對於創造性的愛裡的關心和責任的元素，《舊約．約拿書》有著令人拍案叫絕的描述。耶和華要約拿（Jonah）到尼尼微（Nineveh）警告那裡的居民：除非他們離棄他們的惡道，否則就要受懲罰。約拿

---

25 *Eleven Plays of Henrik Ibsen* (New York: The Modern Library, Random House, Inc.), Act V, Scene VI。

26 由親密性和獨特性綜合而成的關係概念，很接近莫里斯的《生命之道》（*Paths of Life*, New York: Harper & Brothers, 1942）裡的「抽離和依戀」概念，差別在於莫里斯的參考架構是氣質，而我的則是性格。

卻拋下他的使命，因為他害怕尼尼微的人悔改，而耶和華會原諒他們。他是很重視秩序和律法的人，但是缺少愛。結果他在逃跑的路上葬身魚腹，那象徵著他因為缺少愛和同舟共濟的精神而受到隔離和監禁。耶和華救了約拿，而約拿也前往尼尼微。他把耶和華跟他說的話對居民宣告，而他擔心的事也發生了。尼尼微的人悔改了他們的罪，離棄他們的惡道，於是耶和華寬恕他們，決定不毀掉尼尼微城。約拿大大不悅甚且發怒；他要「正義」得以伸張，而不是憐憫。最後上帝安排了一棵蓖麻，讓約拿遮蔽太陽，他因此而大大喜樂。但是次日上帝卻讓這蓖麻枯槁，約拿怫恚不已，對上帝抱怨。上帝回答說：「這蓖麻不是你栽種的，也不是你培養的；一夜發生，一夜乾死，你尚且愛惜。何況在這尼尼微大城中，不能分辨左手右手的有十二萬多人，並有許多牲畜。我豈能不愛惜呢？」上帝對約拿的回答必須就其象徵意義去理解。上帝對約拿解釋說，愛的本質是「栽種」（勞動）而「培養」它，愛和勞動是不可分的。人愛他辛勤付出的對象，人也為他的所愛而辛勤付出。

約拿的故事蘊含著愛不能和責任須與分離的道理。約拿對他的弟兄沒有責任感，就像該隱（Cain）一樣，他或許也會問：「難道我是弟弟的看顧者嗎？」責任不是從外界加諸一個人身上的義務，而是對於一個需求的回應，而我認為那是我份內的事。責任（responsibility）和回應（response）是同一個詞根：拉丁文的「respondere」是「回答」的意思；負責任的意思就是願意回應。

母愛是關於創造性的愛最常見也最容易明瞭的例證，它的本質就是責任和關心。在孩子出生的過程中，母親的身體「栽種」嬰兒，在孩子出生後，她的愛就在於對孩子的劬勞顧復。母愛並不在乎孩子是否要為了她的愛而履踐什麼條件，它是無條件的，僅僅是基於孩子的需求以及母親的回應。[28] 無怪乎在藝術和宗教裡，母愛一直象徵著最高形式的愛。在希伯來文裡，上帝對人的愛比及人對他的鄰人的愛都叫作「rachamim」（憐憫、慈悲），它的詞根是「rechem」，意思是「子宮」。

但是**關心和責任**與個人的愛之間的關係就沒有那麼明確；有人認為「墜入情網」就已經是愛的極致，雖然它其實只是個開端，也只是成就愛的一個機會而已。有人相信愛是讓兩個人彼此吸引的神祕特質的結果，是自然而然的事。的確，人因為孤單和性欲而容易墜入情網，那一點也不神祕，它不過是來得快去得也快的東西。一個人能被愛並非偶然，一個人要有愛的能力，才能創造愛，正如人要對事物感興趣，他自己才會讓人感興趣。人只在意自己是否有吸引力，卻忘了他們自己愛的能力才是吸引力的本質。創造性地愛一個人，意謂著對對方生活產生關心和責任感，不只是在乎他的物質生活，也包括他的人性力量的成長和發展。創造性的愛和被動性是不相容的，這意謂著不能對被愛者的生活作壁上觀，而應該為被愛者的成長付出努力、關心和責任。

27 詳參第四章〈自私、愛己和利己〉這一節。

28 另見亞里斯多德論「愛」：「大家公認友愛更多地是在愛之中，而不是在被愛之中，其證明就是，母親總是以愛為喜悅。有一些母親把自己的孩子交出去哺育，她們在愛著並知道這一切，但並不索取回報。如若她們連這樣的事都做不到，只要看一看子女的飛黃騰達也就心滿意足了。即或子女由於不知內情，不把她們當作母親看待，但是她們還是照樣愛他們。」（*Nicomachean Ethics*, 1159a 27）

儘管有西方一神論宗教的普世主義（universalistic）精神，以及「所有人生而平等」所表現的進步主義的政治概念，但是，對於人類的愛一直沒有成為共同的經驗。對人類的愛被認為充其量只是對個人的愛的延伸，或者是未來才可能實現的抽象概念。實際上，對人類的愛和對個人的愛是密不可分的。創造性地愛一個人，意謂著與這個人的人性核心建立關係，而這個人就代表著整個人類。如果對某個人的愛和對人類的愛可以切割，那麼它就只是表面而偶然的愛；它當然是很膚淺的。或許有人會說，對人類的愛不同於母愛，因為孩子是無助的，而我們的鄰人則不是，但是這樣的差別也可以說只是相對的。所有人總有需要幫助的時候，也都相依相待。人類的團結是任何個人發展的必要條件。

關心和責任是愛的構成元素，但是如果沒有對於被愛者的**尊重和認識**，愛會墮落為支配和占有欲。尊重不是畏懼或敬畏，就像該語詞的詞根（「respicere」是「凝視」的意思）一樣，它意指著如實觀看一個人的能力，意識到他的個體性和獨特性。除非認識那個人，否則說不上任何尊重；如果沒有認識到一個人的個體性，愛和責任就會是盲目的。

對於**創造性思考**的初步探討，或許可以檢視理性和知性的區別。

知性是人獲致現實目的的工具，旨在探索事物的各個面向，這樣的知識是操控事物的必要條件。目的本身，或者說是「知性」思考所依據的前提是不容質疑的，而被視為理所當然，它們本身或許合乎理性，或許違反理性。在一個極端的情況裡可以清楚看出知性的這個特性，那就是妄想症患者。例如說，一個妄想症患者認定所有人都共謀要對付他，這個前提是不理性而錯誤的，但是他基於這個前提建構的思考程序本身卻展現了可觀的知性。在證明他的妄想症論題時，他會加上各種觀察，並提出邏輯的解釋，它們通常很有說服力，使人很難證明他的前提是不理性的。只以知性去面對問題，當然不限於這類病理現象。我們大多數的思考必然和獲致現實結果有關，也就是定量的、「表面」的現象，而不會探究它所蘊含的目的和前提的有效性，也不會試著了解現象的本性和性質。

理性涉及第三個維度，也就是深度，它會觸及事物和歷程的本質。雖然理性並沒有脫離現實目的（我會說明在什麼意義下是如此），但是它絕不僅僅是直接行動的工具。它的功能是藉著認知事物以理解、掌握事物，並和它們建立關係。它會深入事物表層以探索其本質、潛在的關係以及深層意義，也就是它們的「道理」。它可以說不是二度的，用尼采（Nietzsche）的話說，它是「視角主義的」（perspectivistic）；也就是說，它把握到所有想像得到的視角和維度，而不只和現實有關。探索事物的本質並不意謂著探索「背後」的東西，而是和那基本、尋常、普遍的東西有關，也就是最一般性、摭拾皆是的現象特徵，而擺脫它們表面的、偶然的（邏輯上不相關的）層面。

現在我們可以接著檢視創造性思考更具體的特性。在創造性的思考裡，主體對他的對象並非漠不關心，而是受到它的影響，並且關切它。對象並不是某種與主體自身及其生活毫無關聯、死氣沉沉的事物，也不是那種只能以封閉、與世隔絕的方式來思考的事物。相反的，主體對他的對象極為感興趣，而這個關係越是親密，他的思考成果就越豐碩。最先刺激他思考的，正是他和他的對象的這個關係。對他而言，一個人或現象之所以成為思考的對象，是因為它是個值得注意的對象，就他個人生活或人類生存的觀點而言至關重要的對象。佛陀發現「四聖諦」的故事是個很美麗的例證。佛陀看到一個死人、病人和一個老人。年輕的他對人類無法逃避的命運深感震撼，而他所觀察到對現象的反應刺激了他的思考，成就了關於生命本質的理論以及解脫之道。他的反應當然不是唯一可能的反應。一個現代醫師遇到同樣的情況，或許會思考如何對抗死亡、疾病和老化，但是他的思考同樣取決於他對於該對象的整個反應。

在創造性思考的過程中，思考者的動機是他對於對象的興趣，他被它感動而回應它，他關心且回應。但是創造性思考的另一個特性則是客觀性，那是由於思考者對其對象的尊重，由於他如實觀照對象本身，而不是看到他想看到的。客觀性和主觀性的對立，是創造性思考的特性，也是整個創造性的特性。

我們唯有尊重我們觀察的事物，才有可能客觀；換言之，我們必須看到它們的獨特性和相互關係。這個尊重和我們在探討愛時所談到的尊重基本上沒什麼不同；我想要了解一個東西，我必須就其存在的本質去觀看它；雖然所有思考的對象都是如此，但是它在人性的探討方面尤其重要。

關於有生命和無生命的對象的創造性思考，還必須具備另一個客觀性面向，也就是看到一個現象的整體。如果觀察者只看到對象的某個面向而看不到整體，那麼就連他正在探究的面向，他都沒辦法看得清楚。威特海默（Max Wertheimer）認為這點正是創造性思考最重要的元素。他寫道：「創造性的歷程，大抵上都有個性質：為了獲得真實的認知而不斷地探問和探究。全域中的某個地方雖成為關鍵和焦點，但是不會把它孤立起來看。他會對於情況發展出新的、更深層的結構性觀點，包括事物在功能意義和分類上的改變。根據特定部分的情況結構所需，他會得出一個合理的預測，而就像其他部分的結構一樣，它也需要直接或間接的驗證。這涉及兩個方面：得到整體一致的觀念，然後看看各部分需要什麼樣的整體結構。」[29]

所謂的客觀性，不僅是如實地觀看對象，也包括如實地觀看自己，也就是作為相對於觀察對象的觀察者，意識到自己所在的特定位置。因此，創造性思考是取決於對象的本質，以及在思考過程中和對象建立關係的主體的本質。這個雙重決定因素就構成了客觀性，不同於虛偽的主觀性，在其中思考不受對象控制，因而淪為偏見、一廂情願的思考以及幻想。但是客觀性並非如所謂「科學」客觀性的錯誤觀念所暗示的那樣同義於「抽離」，也就是缺少興趣和關心。如果人對於辛勤的探賾索隱沒那麼興趣盎然，他如何能夠深入遮蔽事物的表面以了解其原因和關係呢？如果人不是對它有興趣，那麼探究的目的又會是什麼呢？**客觀並不意謂著抽離，而是尊重的意思**；也就是有能力不扭曲或偽造事物、人和自己。但是，觀察者的主觀因素，也就是他的興趣，難道不會為了得到他想要的結果而扭曲他的思考嗎？排除個人興趣難道不是科學研究的條件嗎？以排除興趣作為認識真理的條件，其實是個謬誤。[30]幾乎沒有任何重要的發現和見解不是出於思想家的興趣。其實，如果沒有興趣的因素，思考會

29 Max Wertheimer, *Productive Thinking* (New York: Harper & Brothers, 1945), P. 167。另見P. 192。

變得很貧乏而沒有目的。重要的不在於有沒有興趣，而在於出自哪一種興趣，而它和真理的關係又是什麼。所有創造性思考都是由觀察者的興趣所激發出來的。扭曲觀念的從來不是興趣本身，而只是那些和真理不相容的、阻止人發現觀念對象的本質的興趣。

如果主張創造性是人的天生能力，似乎聽起來和人天生懶惰被動的說法互相牴觸。這是個很古老的假定：摩西去見埃及王，請他放走猶太人，好讓他們「到曠野向上主獻祭」，埃及王的回答是：「你們懶惰，一味偷閒。」對埃及王而言，奴隸的勞動意謂著生產，向上主獻祭則是偷懶。所有那些想從別人的行為獲利、並因為自己的創造力無利可圖而不想運用的人，也都是作此想法。

但是我們的文化恰巧是個反證。幾百年來，西方人一直執著於工作的概念，渴望不斷地行動。其實這個對比只是表象，懶惰和強迫行為非但不是對立的，兩者甚至都是一個人功能障礙的症狀。我們經常會看到精神官能症患者的主要症狀就是失去工作能力；而所謂適應良好的人，卻沒辦法享受輕鬆和寧靜。強迫行為不是懶惰的對立面，而是和它互補的；創造性才是兩者的對立面。

創造性行動的受損會導致活動不足或是過度活動。飢渴和威逼絕對不會是創造性行動的條件。相反的，自由、經濟安定，以及讓人可以在工作上一展長才的社會組織，對於人們能夠自然地發揮創造性力量而言，都是有利的因素。創造性行動的特性在於行動和休閒之間有節奏的更迭。人唯有在必要的時候能夠靜下來面對自己，才能從事創造性工作、愛和思想也才變得可能。能夠傾聽自己的聲音，是傾聽他人的能力的先決條件；要和他人建立關係，就必須先熟悉自己。

社會化過程中的取向

誠如本章前文所述，生活的歷程蘊含著兩種和外在世界的關係：同化的關係和社會化的關係。前者在本章裡已經詳細討論過，而後者也已經在《逃避自由》裡花了相當的篇幅探討過，[31]因此我在此僅做扼要的摘述。

我們可以區分以下人際關係的種類：**共生關係**、**退縮和毀滅**、**愛**。

在**共生關係**裡，人和他人建立關係，卻失去或從未獲得獨立性；藉由成為另一個人的一部分，無論是被那個人「吞噬」或是「吞噬」那個人，從而避免了孤單。其實，前者是臨床所謂的**受虐狂**。受虐狂是試圖擺脫個人的自我，逃避自由，依附他人以尋求安定。這種依賴的形式不一而足，它可以合理化為犧牲、責任或愛，特別是當文化模式支持這類的合理化。有時候受虐狂的渴望會摻雜著性衝動和愉悅（受虐狂的變態）；受虐狂的渴望經常會和人格裡對於自由和獨立的渴望相互衝突，因而讓人痛苦而折磨。

吞噬他人的衝動，也就是**虐待狂**，是共生關係中的主動形式，在所有合理化當中表現為愛、過度防衛、「正當化的」支配、以及「正當化的」報復等；它也會和性衝動混合，而成了「性虐待狂」。

---

30 另見K. Mannheim, *Ideology and Utopia* (New York: Harcourt, Brace and Company, 1936)。

31 包括愛，我們會和創造性的所有其他表現一起討論它，以完整描述創造性的本質。

所有形式的虐待狂驅力都可以追溯到完全控制另一個人的衝動，想要「吞噬」他，使他成為臣服於我們意志下的無助對象。完全控制一個沒有力量的人，是主動性共生關係的本質。被控制的人宛如**一個東西**般被利用和剝削，而非被視為一個自身即是目的的人。這樣的貪婪中摻雜的毀滅成分越多，它就越殘忍；不過，好行小惠的統治會經常戴上「愛」的面具，其實也是虐待狂的表現。好行小惠的虐待狂會讓他的對象有錢有權、事業成功，但有一件事他會極力阻止：那就是讓他的對象獲得自由而獨立，從而不再屬於他。

巴爾札克（Balzac）在作品《幻滅》（*Lost Illusions*）裡有一個關於好行小惠的虐待狂的明顯例子。他描寫年輕的呂西安（Lucien）和假冒為神父的巴格諾監獄（Bagno）囚犯（卡爾洛．埃雷拉神父）之間的關係。這個神父在認識這個剛剛自殺未遂的年輕人不久後說：「我從水裡撈你起來，救了你性命，你成了屬於我的東西，就像萬物屬於造物主，或者是東方童話故事裡的妖精屬於神仙，身體屬於靈魂一樣。有我的鐵腕支持，不怕你坐不穩權勢的交椅；我讓你享盡快樂、榮譽，夜夜笙歌，永遠不會缺錢用。你在外頭得意誇耀，我蹲在泥地上打根基，保證你榮華富貴。我呀，我為權勢而愛權勢！我自己不能享受的東西，看到你享受我就開心了。總而言之，我會變作你！……我要創造一個人，給他生命，按照我的方式把他琢磨塑造，因為我要像父親愛兒子一般地愛他。我的孩子，將來你坐著雙輪馬車，就等於我自己坐著，你討人喜歡，我也跟著快活。我對自己說：這個俊秀的青年就是我！」

共生關係是和對象**接近**和親密的關係，即使是犧牲了自由和完整性，然而它還有第二種關係，那就是**距離、退縮和毀滅**。對於被視為威脅的他人敬而遠之，可以克服個人軟弱無力的感覺。退縮或多或少是人和世界的關係的自然節奏之一，對於沉思、研究、素材的改作、思想、態度而言，都是必要的條件。在上述現象裡，退縮成了和他人的關係的主要形式，它其實是個否定性的關係。在情感上，那無異於對他人的冷漠，通常伴隨著自我膨脹的補償性感覺。退縮和冷漠可能但不必然是無意識的；其實，在我們的文化裡，它們大抵被表面的興趣和社交能力給遮掩了。

毀滅性是退縮的**主動**形式；毀壞他者的衝動來自於害怕被他者毀滅。由於退縮和毀滅是同一種關係的被動和主動形式，因此時常混雜在一起，雖然有各種不同的比例。但是它們的差異遠大於共生關係中的主動和被動形式的差異。毀滅性來自於創造性所遭受到的阻礙，比退縮來得更加強烈且徹底，那是求生驅力的變態形式，是「不曾好好活過的生命」（unlived life）的能量變形為毀滅生命的能量。

愛是和他者及自己的關係的創造性形式，其中蘊含著責任、關心、尊重和認識，更衷心期望他人能夠成長和發展。它是兩個人的親密關係的表現，條件是各自保有完整性。

承前述說明，在同化和社會化的歷程中，各種形式的取向應該各自有某種親緣性。以下圖表可以說明至今討論過的取向，以及它們之間的親緣性。[32]

32 下表括號中的概念見下節討論。

同化	社會化	
◆非創造性的取向		
(a) 接受型（接受）	受虐狂（忠誠）	共生
(b) 剝削型（獲取）	虐待狂（權威）	
(c) 囤積型（保存）	毀滅（固執）	退縮
(d) 市場型（交換）	冷漠（公平）	
◆創造性的取向		
工作	愛、講理	

這裡似乎只要略加解釋即可。接受型和剝削型的態度，蘊含著不同於囤積型態度的人際關係形

式。接受型和剝削型態度都會導致對人的一種親密和接近，期望和平或強勢地從那個人身上得到所需的東西。就接受型的態度而言，服從和受虐狂的關係會比較突出；如果我服從強者，他會給我所需要的一切，對方成了所有利益的來源，而在共生關係中，一個人可以從他人身上得到所需的一切。另一方面，剝削型的態度通常蘊含著一種虐待狂的關係：如果我強勢地從他人取得所需的一切，我必須控制他，使他成為在我支配下的軟弱對象。

和這兩種態度正好相反，囤積型的關係意謂著和他人疏遠。它的基礎不在於冀望從外界得到所有利益，而是期望以囤積而不消耗的方式擁有事物。任何和外在世界的親密關係，都可能威脅到這種自給自足的安全系統。囤積型性格的人會試圖以退縮或毀滅（如果他覺得外在世界大到造成威脅）的方式解決他和他人之間關係的問題。

市場型取向也是奠基於對他人的抽離，但是和囤積型取向相反，這種抽離是友善的意思，而不是毀滅性的。市場型取向的整個原則蘊含著世故圓滑、虛與委蛇，而在深層情感面和他人疏離。

各種取向的混合

在敘述不同種類的非創造性取向和創造性取向時，我把它們當作涇渭分明的東西來探討。為了方便理解，這種做法似乎有其必要，因為我們必須先了解每種取向，才能進一步認識到它們如果互相混合會發生的狀況。然而在現實世界裡，我們看到的都是混合的情況，因為一種性格絕對不會僅僅代表一種非創造性取向或是創造性取向。

在各式各樣的取向的不同組合當中，我們必須區分各種非創造性取向之間的混合以及非創造性和創造性的混合。前者的若干組合彼此有親緣性；例如說，接受型和剝削型混合的情況多於和囤積型取向的混合。接受型和剝削型取向都會想要接近對象，相反的，囤積型取向的人則會和對象疏遠。然而，就算親緣性比較遠的取向，也經常會相互混合。如果我們要形容一個人，通常會從他最突出的取向著手。

關於非創造性和創造性取向的混合，需要更詳盡的討論。沒有哪個人的取向完全是創造性的，也沒有哪個人是完全缺少創造性的。但是每個人性格結構裡創造性和非創造性取向的比重各自不同，也會決定非創造性取向的**性質**。在前文關於非創造性取向的描述裡，我們假設說它們在性格結構裡**占優勢**。現在我們要思考一下非創造性取向在**創造性取向占主導性**的性格結構裡的性質，以補充早先的描述。非創造性取向在這裡並沒有它們在占優勢時的那種否定性的意思，而只是有個不同的、建設性的性質。其實，前文談到的非創造性取向或許可以視為取向的扭曲，它們本身則是生活正常而不可或缺的一部分。每個人為了生存，都必須從他人那裡接受、取得事物，並且儲存和交易它們。他必須能夠**服從權威**，**引導**別人，學會**獨處**，並且**表現自信**。唯有當他取得事物以及和他人建立關係的方式基本上是非創造性的，接受、取得、儲存和交易的能力才會變成對於接受、取得、儲存和交易的貪婪，而成為主要的攫取方式。一個大抵上是創造性的人，他的社會關係的非創造性形式如忠誠、權威、公平和固執，在非創造性取向占優勢的身上，就會變成了順從、控制、退縮和毀滅。因此，任何非創造性取向，根據整個性格結構的創造性程度，都有其肯定性和否定性的面向。以下列舉關於各種取向的肯定性和否定性面向，或許有助於說明這個原理。

※接受型取向（接受）

肯定性面向	**否定性面向**
接受	被動、缺乏進取心
積極回應	人云亦云、缺少特色
專心致志	順從
謙虛	缺少自尊
有魅力	阿諛奉承
適應力強	沒有原則
適應社會	奴性、缺少自信
理想主義	不切實際
善解人意	懦弱
有禮貌	沒有骨氣

樂觀……一廂情願
信任……輕信
慈愛……濫情

※剝削型取向（取得）

肯定性面向　**否定性面向**
主動……剝削
積極進取……強勢
勇於提出主張……自我中心
有自尊心……自命不凡
有衝勁……暴虎馮河
自信……傲慢
迷人……裝模作樣

※囤積型取向（保存）

肯定性面向　**否定性面向**

務實……想像力貧乏
量入為出……慳吝
謹慎……多疑
保守……冷淡
耐心……死氣沉沉
戒慎恐懼……焦慮
堅定、韌性……頑固
沉著冷靜……懶散
臨危不亂……遲鈍
井然有序……迂腐
有條理……強迫症
忠誠……占有欲

※市場型取向（交易）

肯定性面向……**否定性面向**
目標明確……機會主義

通權達變……反覆無常
朝氣蓬勃……幼稚
有遠見……沒有未來也沒有過去
思想開放……沒有原則和價值
善於交際……不甘寂寞
有實驗精神……慌不擇路
不獨斷……相對主義
有效率……積極過度
好奇……冒冒失失
聰明……知識的傲慢
適應力強……不知好歹
寬容……冷漠
機智……不明事理
慷慨……浪費

肯定性和否定性面向不是兩種互不相干的典型表現。每個特徵都可以說是一條連續的線上的一個點，取決於**占優勢的創造性取向的程度**；例如，只有創造性程度很高的時候，才會有理性、系統性的井然有序，而當創造性減弱時，它就漸漸衰退，變成不合理、迂腐、強迫症的「秩序感」，實際上違反了初衷。從朝氣蓬勃到幼稚的變化也是如此，或者是從自尊心變成自命不凡。僅就基本的取向而言，我們看到以下的事實會為每個人帶來難以置信的差異：

(1)非創造性的取向以不同的方式和各自不同的比重混合在一起；

(2)由於創造性的程度不一，而造成性質上的變化；

(3)不同取向在行動的物質、情感或知性層次上，會有各自不同的作用強度。

如果我們在人格的觀念以外再加上不同的氣質和天賦，不難看出這些基本元素的組態，在人格方面可以產生無限多的變異。

第四章

人本主義倫理學的難題

對於人本主義倫理學的原則——認為德性即人履行對自我的義務，而自殘則是惡行——最顯著的反駁，是主張我們把利己主義或自私當作人類行為的規範，而倫理的目標卻旨在打敗私欲。其次則是說，我們忽視了人天生的惡，唯有對於懲罰的恐懼以及對權威的敬畏才能抑制它。或者說，如果不是人性本惡，那麼他們會辯稱，人不是一直在追求快樂嗎，而快樂不是牴觸倫理的原則，或者至少和它無關嗎？良知不是人心裡唯一促使他行善的動力嗎？良知在人本主義倫理學裡不是失去地位了嗎？信仰似乎也無容身之處了；然而信仰不是倫理行為的必要基礎嗎？

這些問題蘊含著關於人性的某些假設，對於探討人如何獲致幸福和成長，以及有助於達成該目標所需的道德規範的心理學家而言，這些問題的確是個挑戰。在本章中，我將以在〈人性與性格〉中奠基的精神分析資料探討這些問題。

一、自私、愛己和利己[1]

你要愛鄰人，像愛自己一樣。

——《新約・馬可福音》12:31

現代文化瀰漫著關於自私的禁忌。我們被教導成自私是有罪的，愛他人則是美德。誠然，這個教義明顯違反現代社會風氣，現代社會主張自私是人最有力且合理的驅力，個人必須服從這個不可或缺的驅力，以對共同利益做出最大的貢獻。但是，認為自私乃萬惡之首、而對他人的愛才是至德的教義，這類主張仍有其影響力——這裡所謂的自私差不多和愛己同義。一方面，對他人的愛是美德，另一方面，愛自己則是罪過。

喀爾文的神學對這個原則有經典的闡述，他認為人性本惡而且軟弱無能，因此人憑藉著自身的力量或優點，絕對無法成就任何善行。喀爾文說：「我們不屬於自己，因此，不管是我們的理性或意志，都不應該支配我們的審慮和行動。我們不屬於我們自己，因此不能以有利於身體的事作為追求的目標。我們不屬於自己，因此讓我們盡可能忘記自己，以及一切屬於我們的事物。相反的，我們屬於上帝；讓我們為祂而生，為祂而死。因為如果人們恣意妄為，那會是讓他們萬劫不復的可怕瘟疫，所以不要任憑己意去認識或意欲任何事物，凡事接受上帝的引導，那是唯一救贖的安息所。」[2]人不僅要相信自己是絕對的虛無，更應該盡量謙卑。「如果你以為我們不是一無所有，我不叫它做謙卑……

1 另見我的文章 "Selfishness and Self-Love," *Psychiatry* (November, 1939)。以下關於自私和愛己的討論，部分和以前的論文有所重複。

如果我們不能輕視自己身上任何所謂的優越，那麼我們就沒辦法就其應然去思考自己。這樣的謙卑，是讓痛苦和困窘充臆的心靈真誠的順服，因為這樣才符合上帝的話語。」[3]

強調個人的虛無和罪惡，意謂著自己沒有什麼值得喜歡或尊敬之處，這個教義植基於自我輕毀和自我憎恨。喀爾文說得很清楚：愛己是個「瘟疫」。[4]如果個人「發現任何讓他因為自己而感到開心的事」，就暴露了這個有罪的愛己。喜歡自己會讓一個人任意評斷而輕蔑他人，因此喜歡自己或自己的任何長處，就是最大的罪過之一，它會排除對別人的愛[5]，甚且等同於自私[6]。

喀爾文和路德的人性觀對於近代西方社會的發展影響甚鉅。他們奠立了一種態度，認為人自己的快樂不是生命的目的，只是一種工具和附屬品，無論是為了在他之上的目的、全能的上帝，或者同樣強大的世俗權威和規範，包括國家、事業和成就。主張人應該是目的本身而絕對非只是工具的康德，或許是啟蒙運動時期最有影響力的倫理思想家，不過他也譴責這樣的愛己。根據他的觀點，為他人謀幸福是一種德性，但是謀求自己的幸福則和倫理無關，因為那是人性所追求的東西，而本性上的渴望不會有正面的倫理價值。[7]康德承認，人不能放棄對於幸福的要求，在某些情況下，人甚至有義務關心它，一部分是因為健康、財富等可以作為履踐義務的必要工具，另一部分則因為缺少了幸福（變得貧窮），可能會讓人無法履踐義務。[8]但是，對己身的愛，追求自己的幸福，則絕對不會是一種德性。作為一個倫理原則，追求自己的幸福「最令人反感的原則，不只因為它是錯謬的……更因為它為道德提供的基礎反而會損害道德，破壞道德的崇高性……」。[9]

康德區分了利己主義（egotism）、愛己（self-love, philautia，對自己仁慈）和傲慢（自滿）的不同。但即使是「理性的愛己」，也必須有倫理原則的限制，人必須打破自滿心態，在面對道德律的神聖性時，必然會感到羞恥。[10]個人應該在履踐義務之中發現最高的善。道德原則的實現（因而也是個人幸福的實現）只有在普遍的全體裡——也就是民族、國家——才有可能。但是，「國家的福祉」——國家的福祉是最高法則（salus rei publicae supreme lex est）——並不等於公民的福祉及幸

---

2 Johannes Calvin, *Institutes of the Christian Religion*, trans. By John Allen (Philadelphia: Presbyterian Board of Christian Education, 1928), Book III, Chap. 7, P. 619。下文為作者譯自拉丁原文：Johannes Calvini, *Institutio Christianae Religionis, Editionem curavit*, A. Tholuk, Berolini, 1935, par. 1, P. 445。

3 同前註釋所引用之著作：Chap. 12, par. 6, P. 681。

4 同前註釋所引用之著作：Chap. 7, par. 4, P. 622。

5 要注意的是，對鄰人的愛雖說是《新約聖經》的基本教義，並沒有得到喀爾文相對應的重視。喀爾文公然和《新約聖經》唱反調：「經院學者強調博愛甚於信和望，那根本是精神錯亂的想像……。」（Chap. 24, par. 1, P. 531）

6 雖然路德強調個人的屬靈自由，他的神學儘管和喀爾文大異其趣，卻同樣相信人的無力和虛無。

7 另見Immanuel Kant, *Critique of Practical Reason*以及康德的其他倫理學理論，(New York: Longmans, Green & Co., 1909), Part I, Book I, Chap. I, par. VIII, Remark II, P. 126。

8 同前註釋所引用之著作：Part I, Book I, Chap. III, P. 186。

9 *Fundamental Principles of the Metaphysics of Morals*; second section, P. 61.

10 同前註釋所引用之著作：Part I, Book I, Chap. III, P. 165。

福。[11]

雖然康德比喀爾文或路德都更為重視個人的人格完整，但是他不認為個人有反叛的權利，即使政府再怎麼倒行逆施，如果情勢危及當局，就必須處以死刑。[12]康德強調人的性惡趨向[13]，為了揚善抑惡，道德律或絕對的命令（categorical imperative）是不可或缺的，這樣人才不會淪為禽獸，人類社會也才不會變成野蠻的無政府狀態。

在啟蒙運動時期的哲學裡，比康德更強調個人對幸福的追求者所在多有，葉維修斯（Claude Adrien Helvetius）即為一例。而施蒂納（Max Stirner）和尼采則把這個近代哲學的潮流發揮得淋漓盡致。[14]不過，儘管他們在關於自私的價值方面和喀爾文及康德唱反調，他們倒是都假定對他人的愛和對自己的愛是魚與熊掌不能兼得的。他們痛斥對他人的愛是軟弱和自我犧牲，並預設利己主義、自私和愛己（同樣將這三者混為一談）就是德性。於是施蒂納說：「於此，利己主義、自私才是決定性因素，而不是愛的原則，不是諸如憐憫、和善、心地善良、甚或正義和平衡之類的愛的動機——因為正義（iustitia）也是愛的現象，是愛的產物。愛只知道犧牲，並且要求自我犧牲。」[15]

施蒂納嗤之以鼻的這種愛是一種自虐式的依賴，個人把自己當作工具，用以成就他人或其他事物的目的。他反對這種愛的概念，而不諱言另一種誇大其辭的極端說法。施蒂納所主張的正面原則[16]，是要反對數百年來基督教神學的態度——在他年代所盛行的德國觀念論（German idealism）對此尤其高唱入雲，也就是讓個人屈從於在自身之外的力量和原理，並以它為個人的中心。相較於康德或黑格爾（Hegel），施蒂納的哲學家地位雖難以望其項背，但是他的確勇於反抗了那種觀念論的哲學，後者否定具體的個人，因而助長了極權國家對於個人的持續壓迫。

雖然尼采和施蒂納的學說南轅北轍，但是他們在這方面的看法倒很相近。尼采同樣把愛和利他主義斥為軟弱和自我否定的表現。對尼采而言，對於愛的追求是奴隸的典型，奴隸沒辦法為所意欲的事物而戰鬥，只能試圖透過愛去獲致它們。因此，利他主義和對人類的愛成了墮落的記號。[17] 尼采認

---

11 Immanuel Kant, *Immanuel Kant's Werke* (Berlin: Cassirer), in particular "Der Rechtslehre Zweiter Teil" I, Abschnitt, par. 49, P. 124。作者直接譯自德文，因為英譯本刪去這段（*The Metaphysics of Ethics* by I. W. Semple, Edinburgh: 1871）。

12 同前註釋所引用之著作：P. 126。

13 另見Immanuel Kant, *Religion within the Limits of Reason Alone*, trans. By T. M. Greene and H. H. Hudson (Chicago: Open Court, 1934), Book I。

14 為了不讓本章太過冗長，我只討論近代哲學的發展。研究哲學者都知道，亞里斯多德和斯賓諾莎都把愛己視為德性，而不是罪惡，和喀爾文明顯相反。

15 Max Stirner, *The Ego and His Own*, trans. By S. T. Byington (London: A. C. Fifield, 1912), P. 339.

16 舉例來說，他的一個肯定說法是：「但是人怎麼利用生命呢？在把它當成蠟燭燃燒時……享受生命就是把生命用光。」恩格斯清楚看到施蒂納說法的片面性，試圖克服愛自己和愛他人之間的虛假抉擇。他在寫信給馬克思討論施蒂納的書時寫道：「可是如果具體而真實的個人是『人性』的真正基礎，那麼利己主義——不只是施蒂納的理性利己主義，更是心靈的利己主義——正是我們對人的愛的基礎。」（*Marx-Engels Gesamtausgabe*, Berlin: Marx-Engels Verlag, 1929, P. 6）

為，殷盛富強的貴族政治的本質，在於它隨時可以為了自身利益犧牲無數人民而不覺得愧疚。社會應該是個「基奠和支架，讓上流階級勝任層次更高的義務，以及更高等的生活。」[18]他還有許多名言可以證明這種鄙夷和利己主義的精神。這些觀念一直都被理解為尼采的**哲學**。不過那並不是他的哲學的真正核心。[19]

尼采之所以有上述說法，其實有很多原因。首先，尼采的哲學和施蒂納一樣，都是在反抗使得經驗性個體臣服於在他之外的權力和原理的哲學傳統，他誇大其辭的傾向，證明了這個反動的特質。其次，在尼采的人格裡有著不安和焦慮感，使他強調「強人」以作為反動的說法。最後，尼采受到演化論「適者生存」的主張所影響。這個詮釋並不會改變尼采相信對他人的愛以及對自己的愛之間存在著矛盾的事實，但是他的觀點包含了可以克服這個二分法的起點。尼采所抨擊的「愛」不是植根於人的強項，而是出於人的軟弱。「你的鄰人之愛是你對自己不好的愛。你躲到鄰人那裡，逃避你自己，不得不虛構出一種美德！但是我看穿了你的『無私』。」他直言不諱地說：「你受不了自己，你不夠愛自己。」[20]對尼采而言，個體具有「至關重要的意義」[21]。「強大」的個體擁有「真正仁慈、高貴、偉大的靈魂，他不會為了有所得而施予，不會假借仁慈而睥睨他人；真正的仁慈是『揮霍』，以個人的豐盈為前提。」[22]他在《查拉圖斯特拉如是說》裡同樣說道：「一個人因為尋找自我而走向他的鄰人，另一個人則是因為樂於失去自我。」[23]

這個觀點的本質在於：愛是豐盈的現象，其前提是個人的施予能力。愛是肯定和創造性，「它要創造一個被愛者。」[24]愛必須源自這個內在力量，愛一個人才會是一種德性，但是如果愛只是因為無法成為自己，那麼它就是個缺陷。[25]然而，尼采實際上並沒有解決愛己和對他人的愛之間二律背反（antinomy）的問題。

關於自私是罪大惡極、愛自己就不能愛別人等主張，絕不僅限於神學和哲學，它成了家庭、學校、電影和書籍裡隨處可見的老生常談，甚至成了社會教化的工具。「不可自私」是人們讓世世代代

---

17 Friedrich Nietzsche, *The Will to Power*, trans. By Anthony M. Ludovici (Edinburgh and London: T. N. Foulis, 1910), stanzas 246, 326, 369, 373, 728.

18 Friedrich Nietzsche, *Beyond Good and Evil*, trans. By Helen Zimmer (New York: The Macmillan Company, 1907), stanza 258.

19 另見G. A. Morgan,*What Nietzsche Means* (Cambridge: Harvard University Press, 1943)。

20 Friedrich Nietzsche,*Thus Spake Zarathustra*, trans. By Thomas Common (New York: Modern Library), P. 75.

21 *The Will to Power*, stanza 785.

22 同前註釋所引用之著作：stanza 935。

23 *Thus Spake Zarathustra*, P. 76.

24 同前註釋所引用之著作：P. 102。

25 見Friedrich Nietzsche, *The Twilight of Idols*, trans. By A. M. Ludovici (Edinburgh: T. N. Foulis, 1911), stanza 35;*Ecco Homo*, trans. By A. M. Ludovici (New York: The Macmillan Company, 1911), stanza 2; *Nachlass, Nietzsche Werke* (Leipzig: A Kroener), PP. 63-64。

的孩子牢記於心的一句話，它的意思相當含混，大多數人會說，這是指不要以自我為中心，而不知為他人著想或關心他人。其實，它的意思遠不止於此。「不可自私」蘊含著不要率性而為，要為了有權力的人放棄自己的意欲。總歸來說，「不可自私」和喀爾文教派的說法都是有歧義的。除了它所蘊含的表面意義，還意謂著「不可愛自己」、「不可做自己」，必須臣服於比你重要的事物，臣服於一個外在力量或者是它的內在化，也就是「義務」。「不可自私」成了強大的意識形態工具，用來壓抑自發性（spontaneity）和人格的自由發展。在這個口號的壓力下，人被要求犧牲一切，完全順服：不為自己著想，而是為了自己以外的人或事物著想，才是「無私的」行為。

我們必須重申，這個觀念在某個意義下是很片面的。因為撇開主張不可自私的說法不談，現代社會也鼓吹著它的反面：別忘了你自己的利益，做對你最有利的事；你這麼做，也會為其他人謀得最大的利益。事實上，利己主義是公共福利的基礎，這正是競爭社會賴以奠基的原則。令人不解的是，兩個看似矛盾的原則居然在同一個文化裡並行不悖；不過這其實是無庸置疑的事。這個矛盾影響所及使得個人產生混淆，個人在兩種說法間拉扯，在人格的整合過程中嚴重受阻，而這個混淆也是現代人的徬徨和無助最重要的源頭之一。[26]

主張說愛己等同於「自私」，而且愛己和對他人的愛是不相容的，這個說法在神學、哲學和街談巷議裡十分常見；佛洛伊德的自戀（narcissism）理論也以科學語言將之合理化。佛洛伊德的概念預設了一定數量的原欲。嬰兒時期，所有原欲都以兒童自身為其客體，也就是佛洛伊德所謂的「原發自戀」（primary narcissism）。在個體的發展過程中，原欲從個人自身轉向其他客體。如果一個人在「客體關係」上受阻，原欲就會從客體退縮，回到個人自身；此即所謂「次發自戀」（secondary narcissism）。根據佛洛伊德的說法，我對外在世界的愛越多，對自己的愛就越少，反之亦然。因此他把愛的現象形容成愛己的匱乏，因為所有原欲都轉向個人以外的客體。

問題來了：對自己的愛和對他人的愛之間有著根本的矛盾而且無法相容，這種說法有心理學觀察上的根據嗎？對自己的愛和自私是同一種現象嗎？或是正好相反呢？再者，現代人的自私是否真的是**關心作為個體的自己**，以及他所有的知性、情感和感官方面的潛能？「他」是不是成了他的社會經濟角色的附屬品？**他的自私是否等同於愛己，或者，難道不是因為缺少了對自己的愛，才變得自私嗎？**

在我們開始討論自私和愛己的心理層面以前，必須注意到一個觀念上的邏輯謬誤，也就是認定每個人對他人的愛和對自己的愛是互斥的。如果說，愛身為人類的鄰人是一種美德，那麼反過來說，愛我自己也應該是種美德，因為我也是人類。不會有某種「人」的概念不把我自己算進去的。如果有任何說法把我排除了，便證明了這個說法本身是矛盾的。《聖經》所說的「你要愛鄰人，像愛自己一樣」，這個觀念蘊含著：對自己的人格完整和獨特性的尊重，對自己的愛和了解，不能和對另一個

26 強調此論點的例子見Karen Horney, *The Neurotic Personality of Our Time* (New York: W. W. Norton & Company, 1937); Robert S. Lynd, *Knowledge of What?* (Princeton: Princeton University Press, 1939)。

體的尊重、愛和了解分割開來。對自我的愛和對另一個自我的愛，是密不可分的。

現在我們來到本書結論所奠基的心理學前提。一般而言，這些前提是：我們的感覺和態度的「對象」不只是他者，也包括我們自己；對他人的態度以及對自己的態度，基本上不是矛盾的，而是**息息相關**的。就我們討論的問題而言，那意謂著：對他人的愛和對自己的愛不是互不相容的。正好相反，在所有有能力愛別人的人身上，我們會看到對自己的愛。就「對象」和一個人的自我之間的關係而言，**愛是不可分割的**。真正的愛是一種創造性的表現，蘊含著關懷、尊重、責任和認識。愛不是一種「感動」，宛如被某個人感動一般，愛是主動地為被愛者的成長和幸福而努力，它植基於愛自己的能力。

愛是一個人愛的力量的表現，愛一個人則是這個力量在某人身上的實現和關注。浪漫的戀人常說，我在這個世上只愛一個人，能夠找到那個人，是一生難得的際遇。但事實並非如此。同樣的，我們也不能說如果找到他的真愛，就不能再愛其他人了。一生只愛一個人的經驗正好證明了那並不是愛，只是共生關係的依戀。在愛裡的基本肯定，是要被愛者成為人性本質的化身；對一個人的愛乃蘊含著對人類本身的愛。威廉．詹姆士（William James）所謂的「分工」，也就是只愛自己的家人，而對「外邦人」漠不關心，顯示他們基本上沒有愛的能力。對人本身的愛並非如一般人所說的，是一種對個別者的愛的抽象化，而是後者的前提，雖然在發生學上，它是從對個別者的愛裡習得的。

由此可知，原則上，我的自我和別人都應該是我愛的「對象」。**對於自己的生命、幸福、成長、**

自由的肯定，都植基於每個人愛的能力，也就是關懷、尊重、責任和認識。如果人有能力以創造性方式去愛別人，那麼他也會愛自己；如果他只能愛別人，那麼他根本就沒有愛的能力。

既然對自己的愛和對他人的愛原則上息息相關，那麼我們又如何解釋顯然不懂得關懷別人的自私行徑呢？**自私**的人只在意自己，一切都是為了自己，只想獲取而不樂於施予。對於外在世界，他心裡想的只是可以榨取些什麼，對他者的需求漠不關心，也不尊重他人的尊嚴和人格完整。他眼裡只有自己，任何人事物，他都只問這些對自己有什麼好處，他基本上沒有能力去愛。這豈不是證明了關心別人和關心自己難免互不相容嗎？如果我們把「自私」和「愛己」畫上等號，那麼的確會是如此。然而，這個假設是個謬誤，它使我們正在探討的問題推演出許多錯誤的結論。**自私和愛己不僅不等同，實際上兩者更是恰恰相反的**。自私者不是愛自己太多，而是愛自己太少；其實他是恨自己的。由於他不喜歡自己，也不關心自己（那只顯示他缺少創造性），使得他感到空虛和挫折。他必然不快樂，而且汲汲於奪取生活中所得不到的滿足。他似乎太在意自己了，但是事實上，這只是徒勞地掩飾和補償對真正自我的不夠關心。佛洛伊德說自私的人是自戀的，彷彿這些人收回對別人的愛而轉向他自己。誠然，**自私的人沒辦法愛別人，但是他們也沒辦法愛自己**。

如果我們以對他人過度的關心做比較，例如太過操心而專橫的母親，或許能更容易了解自私是什麼。雖然母親以為自己喜歡孩子，但她對關心的對象其實有著內心深處壓抑的憎恨。她的過度關心不是因為太愛孩子，而因為她必須補償她根本沒辦法愛他的缺憾。

這個關於自私本性的理論，是從精神官能症的「無私」的精神分析經驗裡所產生的。這是一種在為數不少的人身上所觀察到的精神官能症症狀，而造成他們困擾的通常不是這個症狀本身，而是與之相關的其他因素，例如憂鬱、疲倦、工作失能、愛情關係的挫折等。人們不但不覺得「無私」是種「病症」，甚至認為其中蘊含了可以引以為傲的救世性格特徵。「無私」的人「凡事不為自己著想」、「為別人而活」，以謙卑處下為傲。然而他不解地發現，自己儘管無私，卻還是不快樂，他和最親密的人的關係也不盡如人意。他想擺脫他認為是病症的東西，但不包括這份無私。分析顯示，他的無私和他身上其他病症並非互不相干，而正是他的病症之一；事實上，它經常是最重要的症狀；他再也沒有能力去愛或享受任何事物，他的心裡充滿了對生活的敵意，在無私的外牆後面，潛藏著隱約但同樣強烈的自我中心。唯有把無私同樣解釋成病症之一，矯正他缺少創造性的問題（那正是他的無私和其他失調的根源），才能夠治療這種人。

「無私」在影響別人時，凸顯了其真正的本質。在我們的文化裡最常有的現象，便是「無私的」母親對孩子的影響。母親相信透過她的無私，孩子會明白什麼是被愛，也會明白什麼叫做愛人，然而，她秉持無私精神所發生的影響卻讓事與願違。孩子並沒有像覺得被愛的人那樣感到幸福；他們焦慮、緊張、害怕母親否定他們，渴望迎合母親的期待。母親對生活的潛藏敵意往往也影響到他們，而他們只是隱隱感覺到卻分辨不出來，最後也被灌輸了這樣的敵意。整體來說，「無私」的母親與自私的母親所發生的影響沒有太大的差別，甚至更為嚴重，因為母親的無私使得孩子不知從何批評起。他們擔負了不能讓母親失望的義務；在美德的偽裝下，他們學到厭惡生命。如果人有機會研究真正愛己的母親對孩子所產生的影響，就會發現一個愛自己的母親對孩子的愛，才是最有助於孩子體會什麼是愛、喜悅和幸福。

在分析了自私和愛己以後，我們接下來就能討論**利己**的概念，它已經成為現代社會的主要象徵。它甚至比自私或愛己更模稜兩可，而唯有考慮到利己概念的歷史發展，才能充分了解這個歧義性。問題在於，什麼是利己的構成因素，以及如何定義它。

關於這個難題，基本上有兩種探討的進路。其一是客觀主義的進路，對此斯賓諾莎的說法最為清晰。對他而言，利己或「尋求己身利益」就等同於德性。他說：「人越努力、並越能夠尋求它自己的利益或保持他自己的存在，便越具有德性；反之，只要人忽略他自己的利益或忽略他自己的存在，他便是軟弱無能。」[27]根據這個看法，人的利益就是保持自身的存在，後者又等同於實現他天生的各種潛能。這個利己概念之所以是客觀的主張，是因為這裡所認知的「利益」不是基於主觀的個人利益，而是基於客觀的人類本性。人真正的利益只有一個，就是充分發展他的潛能，發展身為人類的自我。正如我們必須先認識另一個人以及他的需求，才能知道怎麼去愛他，我們也必須認識自我，才能知道自我的利益，以及它們對自我有什麼好處。由此可以推論，如果他昧於自我及其真正的利益，對於什

27 Spinoza, *Ethics*, IV, Prop. 20.

麼是利己行為，就可能有自我欺騙之虞，而關於人的知識，則是定義利己的構成因素的基礎。

三百年來，利己的概念漸趨狹隘，以至於和斯賓諾莎的觀念幾乎背道而馳。利己等同於自私，只關心物質利益、權力和成就；它再也不同義於「德性」，對於利益的巧取豪奪成了道德的禁忌。

這個敗壞可能是對利益的探討進路由客觀主義轉向錯誤的主觀主義所致。定義何謂「利己」不再出於人性及其需求，人們忘了他們可能會有錯誤的認知，而以為人對什麼是利益的**感受**，才是利己的必要條件。

現今的「利己」一詞是兩個矛盾概念的荒誕組合：一方面是喀爾文和路德，另一方面則是自斯賓諾莎以降的進步思想家。喀爾文和路德說，人必須壓抑自我利益，只把自己當作神旨的工具。相反的，進步思想家則說，人應該是自身唯一的目的，而不是任何在他之上意圖的工具。這導致了人接受喀爾文教派的教義內容，卻又拒絕它的宗教說法。人把自己當工具，但不是上帝的工具，而是經濟機器或國家的工具。他接受了工具角色，但不是為了上帝，而是為了工業的進步；他努力工作存錢，但不是為了消費和享受人生，而只是為了儲蓄、投資和成功。誠如馬克斯・韋伯所說的，修院的苦行已經被**俗世的苦行**取代，個人的幸福快樂不再是生命的真正目標。但是，這個態度和喀爾文的概念漸行漸遠，而摻雜了進步主義的利己概念，藉此主張人有權利（及義務）以追求自我利益為人生最高目標。最後的結果是，人的**生活**奉行著克己原則，卻以利己的角度在**思考**。他以為他的行為代表了**他自己**的利益，實際上他最關心的卻是金錢和成功；他使自己昧於以下事實：他最重要的潛能始終沒有實現，而他早已在追求他以為對自己最好的事物的過程中迷失了自己。

利己概念在意義上的敗壞，和「自我」概念的轉變息息相關。在中世紀，人覺得自己是社會和宗教共同體裡不可或缺的角色，當個人還沒有從團體脫穎而出時，便以該架構理解自己。近代初期，個人開始把自己當作獨立的實體，因此他的自我認同就成為一個難題。十八、十九世紀，自我的概念漸趨狹隘；人認為自我是由人的屬性構成的。關於自我概念的說法不再是「我思考什麼，我就是什麼」，而是「我擁有什麼，我就是什麼」、「我掌握了什麼」。[28]

28 威廉．詹姆士（William James）對此概念有清楚的說明：「要擁有一個我關心的自我，本性必須先對我呈現一個足夠有趣的對象，讓我本能地想擁有它。……我自己的身體及主司其需求者，因而會是我利己的興趣基於本能決定的最初對象。其他對象則是其衍生的興趣，透過和這些東西的關係，或者是作為工具，或者是習慣性的副產物；以成千上萬的方式，利己主義的情感的原始層次可以擴大其界限。這種興趣就是所謂『我的』的真正意思。任何東西擁有它，就成了我的一部分。」（*Principles of Psychology*, New York: Henry Holt and Company, 2 vols., 1896, I, 319, 324）詹姆士在其他段落說：「人所謂的『我』以及『我的』顯然難以區分界線。我們對於屬於我的東西的感受和行動，和我們對於我們自己的感受和行動幾無二致。我們的名聲、孩子、出於我們之手的作品，都可能和我們的身體一樣寶貴，如果受到攻擊，我們都會有相同的感受，也會有同樣的報復行為。……可是，在最廣的意義下，一個人的自我是指所有他可以稱為『他的』的東西，不只是他的身體、他的心理力量，更包括他的衣服、房屋、妻子、兒女、祖先和朋友，他的名聲和作品，他的土地、馬匹、遊艇和銀行帳戶。這些東西都會給他相同的情緒。如果它們繁榮而增長，他會得意洋洋，如果它們減少而枯竭，他會覺得很沮喪，不是每個東西的程度都一樣，卻大同小異。」（同前段註釋所引用之著作，I, 291-292）

在近幾個世代以來，市場的影響與日俱增，自我的概念從「我掌握了什麼，我就是什麼」轉向「你要我是什麼，我就是什麼」。[29]在市場經濟裡，人覺得自己是個商品。他和自己漸行漸遠，正如販賣商品的人和他所賣的東西分離一樣。誠然，他也會關心自己，在意他的市場成就，但是「他」是個經理、員工、銷售員，以及商品。他的自我利益變成了那個僱用「他自己」的主體的利益，成了在個性市場上待價而沽的商品。

易卜生的《皮爾金》一書中對現代人的「利己的謬誤」形容得最為貼切。皮爾金以為他一輩子都在追求他**自我**的利益。他如是形容自己：

皮爾金的自我！——那是
由願望、嗜好和欲念所構成的軍隊！
皮爾金的自我！那是一片
充滿了幻想、要求和渴望的海洋；
實際上，它是在我心裡洶湧的一切，
而且促成了我之為我
而過著如此這般的生活。[30]

晚年他領悟到他一直在欺騙自己，當他追尋著「利己」原則時，卻沒認清真正的自我利益是什麼，甚至失去了他原本應該保存的自我。人們對他說，他從來沒有做過自己，因此他仍是沒有成熟的原料，要丟到熔爐裡去陶冶。他發現他一直按照著巨魔（Troll）的原則而生活：「滿足你自己」——那和人類「忠於你自己」的原則剛好相反。對於虛無的恐懼讓他不知所措，一旦假冒的自我、成就和財產等支柱都被撤走了或遭到質疑，失去了自我的他也不得不向虛無屈服。他被迫承認，在競逐全世界財富與追求表面上的利益時，他喪失了靈魂——或者我會說，他喪失了他的自我。

流傳於現代社會利己概念的敗壞意義，使得民主遭受各種極權主義意識形態的猛烈攻擊。他們主張，資本主義**在道德上**是錯誤的，因為它是由自私原則所主導的，並吹噓他們的體系在道德上的優越，因為在極權主義的原則下，個人必須無私地臣服於國家、「種族」或「社會主義祖國」等「更崇高的」目標。許多人受到這個批評的影響，因為覺得追求自私的利益並不快樂，而且隱約覺得被灌輸了更緊密的凝聚力和相互的責任感。

我們不必浪費太多時間去駁斥這種極權主義的主張。首先，他們很虛假，因為他們只是在掩飾意欲征服控制大多數人民的「菁英階級」的自私而已。他們所謂「無私」的意識形態企圖誆騙在菁英階

---

29 皮藍德羅（Pirandello）在他的戲劇裡也表現過這個自我以及自我懷疑的概念。

30 同前註釋所引用之戲劇作品：Act IV, Scene I。

級控制下的人，以利對其剝削和操弄。其次，極權主義的意識形態魚目混珠，表面上高舉無私原則的大旗，私底下卻無所不用其極地追求以自私原則治國。每個公民都應該為公共福祉而努力，但是國家卻可以肆意以鄰為壑，一味謀求自己的利益而不顧其他國家的死活。但是，撇開極權主義的教條是肆無忌憚的自私者偽裝，從世俗觀點來看，它們其實是一個宗教理念的復辟，認為人天生軟弱無能而終究必須臣服，而現代宗教和政治進步的本質正在於推翻這些教條。威權主義的意識形態不只威脅到西方文化的寶貴成就，以及對於個人獨特性及尊嚴的尊重，更加阻撓了對現代社會的建設性批評與必要的改變。現代社會的崩壞不在於個人主義的原則，不在於主張追求個人利益即德性，而在於利己的意義的敗壞；不在於**人民太在意利己**，而在於**他們不夠關心真正的自我利益；不在於他們太自私，而是在於他們不愛自己**。

如果說，堅持追求一個虛構的利己概念的原因深植於前述當代社會結構之中，那麼利己意義的改變機會就相當渺茫，除非我們可以指出促成改變的特定因素。

其中最重要的因素，或許是現代人心裡對於追求「利己」的結果不滿。追逐成功的信仰，現已經傾圮到只剩下外牆。社會的「開放空間」越來越狹隘；第一次世界大戰後對於更美好世界的希望破滅，一九二〇年代後期的大蕭條，二次大戰後接踵而至的大規模毀滅性戰爭的威脅，以及由於這個威脅所產生的惶惶不可終日，在在使得追求這種利己形式的信仰搖搖欲墜。除了這些因素外，對於成功本身的崇拜也不再滿足人們根深柢固的自我追尋。正如許多幻想和白日夢，它只能暫時履行其功能，以它的新鮮感或與它有關的刺激感，就足以讓人無法清醒地思考。越來越多人覺得他們所做的一切都是枉然的，他們一直生活在歌頌成就和榮耀的俗世樂園的信仰魔咒底下，但是懷疑（它正是進步的充分條件）已在他們心裡漸漸孳生，他們很想問，身為人類的真正自我利益是什麼。

除非我們文化的經濟條件許可，否則內心的醒悟以及對利己概念的重新思考，很難產生什麼作用。我先前指出，雖然人努力工作並追求成功是近代資本主義輝煌成就的必要條件，但人也早已到達一個階段：**生產**問題庶幾解決，社會生活的**組織**問題則成了人最重要的使命。人類創造出許多機械性能量，不再需要投入所有能量去生產生活的物質條件，而可以把精力放在生活本身的課題。

唯有具足以下兩個條件——即對於透過文化形塑的目標具有不滿足的主觀傾向，以及具有從事改革的社會經濟基礎——才能使第三個必要條件發揮作用，亦即理性的洞見。無論是廣義的社會和心理改革，或狹義的利己意義的改變，原則都是如此。以前人對於自己真正利益的追尋被麻醉了，現在正是甦醒的時候。一旦人明白了他的自我利益是什麼，那麼實現的第一步就已經跨出去了，而那也是最重要的一步。

二、良知，人的回歸自我

任何人談起或反省他所做過的一件壞事，他的所有劣行惡跡都會浮上心頭，他在思考時會身陷其中，整個心靈都無法自拔，因此他仍然困在卑劣之中。他沒有辦法掙脫，因為他的靈魂會變得卑鄙，他的心會腐敗。此外，或許會有悲傷的情緒襲向他。你會怎麼做呢？汙物再怎麼攪動還是汙物。犯罪或沒有犯罪，在天國裡對我們有什麼好處呢？就在我沉吟時，我可能就串起了天國喜樂的珍珠。這就是為什麼《聖經》說：「離惡行善。」完全遠離邪惡，不要想它，努力行善。你曾經犯錯嗎？行善補過就好了。

——以撒・麥爾（Isaac Meier of Ger）[31]

「我做事全憑良心。」這可能是人所能說得最自豪的一句話了。在漫長的歷史裡，人堅持以正義、愛和真理原則來對抗逼迫他們放棄認知和信仰的橫逆。先知本著良知而行，控訴國家的腐敗和不義，預言它的滅亡。蘇格拉底寧可慷慨赴義，也不願昧著良心違背真理。如果沒有良知，人類在顛沛流離的路上早已仆倒了。

不同於這些人，還有另一群人也宣稱他們受到良知的驅使：宗教裁判所將有良心的人處以火刑，他們宣稱處刑是本著**他們的**良心；到處燒殺擄掠的戰爭販子也說他們全憑良心做事，雖然他們把權力欲望擺在其他考量之前。事實上，幾乎所有殘忍暴行都會合理化為良心的指使，主張良知的力量需要安撫。

良知的各種不同的經驗表現的確讓人困惑。這些形形色色的良知是同一個良知，只是**內容**有別？或者它們是不同現象，而只是都叫「良知」？或者說，當我們從人的動機問題切入，從經驗上加以探究時，關於「良心存在」的假設根本無法成立？

就這些問題，關於良知的哲學論著提供了豐富的線索。西賽羅（Cicero）和西尼加（Seneca）說，良知是內心的聲音，它會就我們行為的倫理性質提出指控或辯護。斯多噶學派的哲學則認為良知和自我保存（照顧自己）有關，克里希普斯（Chrysippus, 280-207 B.C.）將良知形容為人心裡的和諧意識。在士林哲學（scholastic philosophy）裡，良知被認為是上帝注入人心的理性法則（lex rationis），它有別於「良心」（synderesis）；後者是判斷的習慣（或能力），是追求正義的能力，而前者則是指將普遍原則適用於個別的行動上。雖然近人不再使用「synderesis」一詞，卻時常以「良知」（conscience）指涉士林哲學所謂「synderesis」的意涵，也就是對於道德原則的覺知。英國思想家則強調這個覺知裡

31 *Time and Eternity*, ed. By N. N. Glatzer (New York: Schocken Books, 1946).

的情感元素。例如夏夫茲伯里伯爵（Anthony Ashley Cooper, 1671-1713）基於人心自身和宇宙秩序和諧一致的事實，假定人內心存在著「道德感」。巴特勒（Joseph Butler, 1692-1752）則說，道德原則是人類天生的構造，他更特別把良知和對善行的天生欲望畫上等號。亞當．斯密（Adam Smith）認為，我們對於他人的感受，以及對其作為的贊同或不滿的反應，正是良知的核心。康德把良知的各項特殊內容予以精簡，稱它是「責任感」。尼采把宗教的「壞良知」批判得體無完膚，他認為真正的良知是根植於自我肯定，「對自己表示肯定」的能力。謝勒（Max Scheler, 1874-1928）相信良知是理性判斷的表現，但那個判斷是藉由情感，而不是思考。

然而許多重要的問題仍懸而未決，存而不論，也就是動機的問題，而精神分析的資料或許對此可以有更多說明。在以下討論裡，我們會區分「威權主義的」和「人本主義的」良知，這個區分是以威權主義倫理和人本主義倫理的一般性分野作為根據。

（一）威權主義的良知

威權主義的良知是外在權威內化以後的聲音，比如說父母親、國家或文化裡的當權者。只要人民和當權者的關係一直是外在性而沒有倫理上的懲戒，就很難有良知可言。這樣的行為只是基於畏懼懲罰和期望賞報的權宜之計，多半取決於這些當權者的存在，取決於他們是否知道每個人在做什麼，以及它們所宣稱或真正的賞罰能力。人經常把一種經驗當作是源自良知的罪惡感，但其實那些只是對這些當權者的恐懼。正確地說，這些人感受到的不是**罪惡**，而是**恐懼**。然而，在良知的形成中，父母親、教會、輿論之類的權威，都有意無意地被視為倫理和道德的立法者，個人接受了它的律法和懲戒，然後將之內化。外在權威的律法和懲戒成為個人的一部分，所以他並非覺得對自身之外的事物負責，而是對內心的東西負責，對自己的**良知**負責。相較於對外在權威的恐懼，良知是更有效的行為規範者；因為就算人可以逃避後者，也無法逃避自己，不能逃避已成為自己一部分、被內化了的權威。威權主義的良知正是佛洛伊德所描述的「超我」（Super-Ego）；但是正如下文會說明的，這只是良知的一種形式，或者可能只是良知發展的初期階段。

雖說威權主義的良知不同於害怕懲罰和期望報償，而且和威權的關係也已經內化了，但是其他本質性的面向並沒有太大差異。最重要的相似點是：威權主義良知的規範不是由個人的**價值判斷**來決定，而是由這些命令和禁忌是否出自權威來決定。如果這些規範剛好是善良的，那麼良知就會懲惡獎善。然而，它們之所以成為良知的規範，不是因為**它們本身是善**，而因為它們是出自權威的規範。就算它們是惡的，它們也還是良知的一部分。好比說，希特勒的信徒覺得他們都是憑著自己的良心做事，即使他的展現的行為人神共憤。

但是，就算和威權的關係內化了，這個內化還不至於讓良知和外在權威完全脫離。我們在強迫性精神官能症的個案中可以看到這種完全的脫離，它其實是個例外而非通則。正常情況下，如果一個人的良知是威權主義式的，他會同時和外在威權及它們內化的回響緊密相連，兩者其實不斷地互動，令人產生畏懼感的外在權威持續助長內化了的權威，也就是良知。如果現實世界沒有權威的存在，也就是說，如果人沒有理由害怕它們，那麼威權主義的良知就會漸漸式微而失勢。良知同時也會影響到個人對於外在權威的印象，因為人渴望讚賞、渴望擁有某個理想[32]、追求某種完美，這些都會影響到人的良知，而完美的形象則會投射到外在權威身上，結果，這些權威形象就會反過來影響良知的「理想」面向。這點很重要，因為人對權威性質的概念不同於它們的真實性質；良知越來越理想化，也越來越容易重新內化。[33]內化和投射的交互作用，讓人對權威的理想性格有著堅若磐石的信念，不會因為任何矛盾的經驗證據而動搖。

威權主義的良知內容是衍生自權威的命令和禁忌；它的力量根植於對於權威的恐懼和愛慕的情緒。**所謂的心安理得，就是意識到取悅於（內在和外在的）權威，而內疚則是意識到讓權威不開心。**（威權主義式的）心安理得會產生幸福和安全的感覺，因為那蘊含著權威的認可以及和權威的親密關係，而內疚則讓人恐懼不安，因為有悖於權威意志的行為，將意謂著可能受懲罰，更嚴重的是可能會被權威拋棄。

為了了解上述情況的整個影響，我們必須記得威權主義者的性格結構。這類人覺得權威比自己偉大而有力，成為權威作為共生關係上的一部分，讓他心裡很有安全感。只要他成了權威的一部分（因而犧牲了自己的人格完整），他會覺得分享了權威的力量。他的安全感和認同取決於此共生關係；但若被權威拋棄，就意謂著被拋到虛空裡，必須面對虛無的殘酷。對威權主義性格而言，是可忍孰不可忍。的確，威權的關愛和贊同給予他最大的滿足，但是就算是懲罰，也比遭到拒絕好多了。懲罰他的權威至少和他在一起，如果說他「犯了罪」，繼之而來的懲罰至少證明權威仍然在意他。他接受懲罰，因而抵償了罪，也恢復了歸屬的安全感。

《聖經》裡該隱（Cain）的罪與罰的故事是很經典的例證，說明了人害怕的不是懲罰，而是拒絕。上帝悅納了亞伯（Abel）的供物，而不悅納該隱的。祂沒有給予任何理由，就對該隱做了對於不被權威接納就難以生存的人類而言最不堪的事。上帝拒絕了他的供物，因而拒絕了他。該隱無法忍受這樣的拒絕，於是殺死了搶走他生命中最重要的東西的對手。那麼該隱的懲罰是什麼？他沒有被處死，也沒有受到任何傷害，事實上，上帝甚至禁止任何人殺他（該隱的記號就是為了不讓人殺他）。他的懲罰是變成流浪者（outcast）；上帝拋棄了他以後，他也就和他的同胞分離了。這個懲罰太嚴重了，於是該隱說：「我受不了這麼重的懲罰。」（《舊約．創世記》4:13）

---

32 佛洛伊德在他早期的「自我和理想」的概念裡強調了這一面向。

33 關於良知和權威的關係更詳盡的分析，見我在以下著作的討論：*Studien über Autorität und Familie*, ed. By M. Horkheimer (Paris: Félix Alcan, 1936)。

走筆至此，我們探討了威權主義良知的形式結構，說明了心安理得是意識到取悅（外在和內在的）權威，而內疚則是意識到讓權威不開心。現在，我們來看看威權主義式的心安理得和內疚的**實質內容**是什麼。雖說違反了權威規定的明確規範，顯然構成了不服從，因而是有罪的（不管規範本身是好是壞），但有些過犯則是內在於威權主義的情境裡的。

威權主義情境裡的首要過犯，就是反抗權威的統治。因此不服從成了「大罪」（cardinal sin）；而服從則是「樞德」（cardinal virtue）。服從意謂著承認權威者的優越權力和智慧；他有權發號施令，並根據命令給予獎懲。權威要求服從，不只因為人們害怕它的權力，而且是因為相信它在道德上的優越性以及權利。對權威的尊重也包括不容對它產生質疑，權威者或許不屑解釋他的命令和禁令，或刻意不加解釋他的獎懲，但是個人絕對沒有**權利**質疑或批判他。如果說有任何批判權威的理由，那必定也是權威底下的個人的過錯，光是膽敢批評權威這件事的本身，就證明了這個人有罪。

承認權威優越性的義務會得出若干禁令。其中涵蓋面最廣的，是不准個人覺得自己和權威者有任何相似之處，因為這會牴觸了權威者絕對的優越性和獨特性。如前所述，亞當和夏娃真正的罪是企圖肖似上帝；上帝將他們逐出伊甸園，正是對於這個挑戰的懲罰而藉此以儆效尤。[34]在威權主義的體系裡，權威者和他的臣民是完全不同的人，他擁有無人能及的權力，包括巫術、智慧、力量等，都是他的臣民難以抗衡的。不管權威者有什麼樣的特權，不管他是世界的主宰或是命中注定的獨特領袖，他和一般人之間根本上的不平等，就是威權主義良知的基本信條。權威的獨特性有個特別重要的面向，那就是，他是唯一不必聽命於他人意志而自行其是的人；他不是工具，而是目的本身；他是創造者而不是受造者。在威權主義的取向裡，權力意志和創造力是權威者的特權。臣服於他的人只是用來達成他目的的工具，因此是為他所用的財產。直到受造者不再想當個**事物**而想當個創造者時，權威者的至高無上性才會受到質疑。

但是人從未停止追求生產和創造，因為創造性正是力量、自由和幸福的泉源。然而，如果人覺得自己仰賴於超越他的力量，那麼他自身的創造性以及意志的主張，都會讓他產生罪惡感。建造巴別塔（Babel）的人類因為試圖聯合成一個民族、建造一座塔頂通天的城市而受到懲罰。普羅米修斯因為把象徵創造性的火的祕密告訴人類，而被懲罰用鐵鍊捆在巨石上。路德和喀爾文都譴責人類在權力和力量上的驕傲，認為那是有罪的傲慢；而政治上的獨裁者則譴責它是違法犯禁的個人主義。

為了創造性的罪，人類以獻祭安撫諸神，以最好的莊稼或牲畜作為供物。割禮是另一種安撫的嘗試；以象徵男性創造力的部分陽具(包皮)獻祭給神，好讓人還保有使用它的權利。除了獻祭諸神而象徵性地承認他們對於創造力的壟斷以外，人也會以罪惡感限制自身的權力，那是基於威權主義的信念，認為行使他的意志和創造力是在反抗權威者作為唯一創造者的特權，而臣民的義務只是作為他的

---

34 「上帝以他的形象」造人的觀念，超越了《舊約》在這個部分的威權主義結構，其實是猶太教和基督宗教發展出來的另一端，尤其是密契主義的代表人物。

「東西」而已。反過來說，這個罪惡感會使人衰弱，削減力量，從而更加俯首貼耳，為了他試圖成為「自己的創造者和建造者」而贖罪。

弔詭的是，威權主義式的內疚是力量、獨立、創造性和驕傲感所致，而威權主義式的心安理得卻衍生自服從、依賴、軟弱無力和罪孽深重的感覺，從聖保羅、聖奧古斯丁（Augustine）到路德和喀爾文，都曾對這種心安理得提出過明確的描述。意識到自己的軟弱無力，鄙視自己，被自己的罪孽和邪惡的感覺煩惱不已，這都是善的徵兆。其實內疚也是德性的徵兆，因為內疚是一個人面對權威時「恐懼戰兢」（《新約．腓立比書》2:12）的症狀。弔詭的結果是，**（威權主義式的）內疚成了「心安理得」的基礎，而心安理得則會讓人產生罪惡感**。

權威的內化有兩個蘊含：其一是如前所述的，個人臣服於權威；其二是同樣嚴厲而殘忍地對待自己，因而扮演起權威者的角色。於是，人不只是卑躬屈膝的奴隸，也是頤指氣使的主人，把自己當成奴隸在使喚。第二個蘊含對於理解威權主義良知的心理機制很重要。或多或少在創造性方面有問題的威權主義性格，會發展出相當程度的虐待狂和毀滅性。[35]藉由扮演權威者的角色，把自己當成奴隸在支配，這些毀滅性的能量才得以釋放。在關於超我的分析裡，佛洛伊德描述了它的毀滅性因素，其他觀察者蒐集的臨床資料也提供了充足的證據。不管人是否像佛洛伊德的早期作品一樣，假設攻擊性的根源主要在於本能上的挫折，或者如他後來所說的「死亡本能」，那些都無關緊要，重點在於，威權式的良知以對自身的破壞性為養分，使得毀滅的渴望能夠在德性的偽裝下採取行動。精神分析的探究，特別是強迫症的性格，揭露了良知有時可能出現的殘忍和毀滅性，以及它如何讓人表現出不斷仇視自己的行為。佛洛伊德言之有據地證明了尼采的說法，也就是說，對自由的封鎖會使得人的本能「回頭對抗自己。敵意、殘忍，甚至以迫害、驚訝、改變和毀滅為樂事，所有這些本能都轉而針對它們的擁有者：這就是『內疚』的起源。」[36]

人類史上大多數的宗教和政治體系都可以說是威權主義良知的例證。我在《逃避自由》裡從這個觀點分析了基督新教和法西斯主義，在此不再作歷史舉證，只討論從我們文化裡的親子關係中所觀察到威權主義良知的若干面向。

以「威權主義的良知」指涉我們的文化或許會讓讀者很訝異，因為我們習慣認為威權主義的心態是威權主義、不民主文化的特色，但是這種看法低估了威權主義元素的力量；尤其是在當代家庭和社會裡產生作用的匿名權威所扮演的角色。[37]

在探討城市中產階級的威權主義良知時，精神分析的談話是很有優勢的觀點。父母親的權威以及孩子的適應方式，被證明是精神官能症的關鍵問題。分析師發現，許多個案完全沒辦法批評他們的父

35 F. Nietzsche, *The Genealogy of Morals*, II, 16.
36 同前註釋所引用之著作：II, 16。
37 關於民主社會裡匿名權威的討論詳參《逃避自由》第五章。

母親，有些人儘管批評父母的某些方面，卻對於讓他們特別受傷的部分避而不談；更有些人在表達對於父親或母親的中肯批評或憤怒時，出現了罪惡感和焦慮。分析工作經常必須花很大的工夫，才能讓個人想起到底是哪些事引致他的憤怒和批評的。[38]

更隱晦難辨的，是那些因為沒有得到父母歡心的經驗所導致的罪惡感。有時候孩子的罪惡感是因為他覺得不夠愛父母親，尤其是父母親期望成為孩子感情的焦點時，有時則是來自於害怕辜負父母親的期望。後者特別重要，因為它涉及了威權主義家庭裡父母親態度的關鍵元素。雖說羅馬的「家父」（paterfamilias，意為「家庭是他的財產」）和近代的家庭相去甚遠，然而生兒育女以滿足父母親的期待或補償他們自己一生中的缺憾，則仍是舉世皆然的事。在索福克里斯（Sophocles）的《安蒂岡妮》（*Antigone*）裡，克瑞翁（Creon）有一段關於父母親威權的名言，可說是這種心態的經典表現。

說得好，兒子！要珍惜這份心意，
凡事以父親的意志馬首是瞻。
男人在家裡生養聽話的孩子
說穿了無非是這麼個心願：
希望有人對他的仇敵以怨報怨，
而且像他本人一樣尊重他的朋友。

如果生了不中用的孩子，你說
那不是播種禍根為自己添麻煩
又使自己成為仇敵的笑料嗎？[39]

就算在我們非威權主義的文化裡，父母親也會希望孩子們很「中用」，以此彌補父母在生命中錯過的東西。如果父母親沒沒無聞，孩子就必須功成名就，讓他們間接得到滿足。如果父母親自己缺少愛（尤其是父母親彼此貌合神離），孩子就必須補償這個缺憾；如果他們覺得在社會裡沒有權勢，就會想從控制和支配孩子的過程中得到滿足。即使孩子認同他們的期望，也會因為做得不夠好、辜負他們的期望而有罪惡感。

這種有忝所生的感覺，經常會因為覺得和父母親不同而產生一種很微妙的形式。支配欲很強的父母親希望他們的孩子在氣質和性格上都和他們一樣。例如說，黃膽質的父親不會同情黏液質的兒子；熱中於現實成就的父親對喜好觀念和理論研究的兒子難免失望，反之亦然。如果父親的心態是以所有

38 卡夫卡給父親的信說明了為什麼他老是害怕父親，是這方面的經典文獻。詳見A. Franz Kafka, *Miscellany* (New York: Twice a Year Press, 1940)。

39 *The Complete Greek Drama*, ed. By W. J. Oates and E. O'Neill, Jr., Vol. I (New York: Random House, 1938).

者自居，他就會把這個差異解釋成孩子的低能。兒子因為這些差異而覺得愧疚和自卑，試圖成為父親所期望的那種人，然而他只會在成長過程中受到嚴重打擊，成為他父親眼中殘缺不全的複製品。由於他相信他必須肖似父親，這個挫敗會讓他良心不安。試圖擺脫這個義務的想法、努力做「自己」的兒子，經常會被「罪行」的沉重負擔壓得喘不過氣來，在得到自由前就倒在路旁了。這個負擔之所以沉重，是因為他不只要忍受父母親，忍受他們的失望、指責和懇求，更要忍受一種期待孩子必須「愛」父母的文化。以上描述雖然符合威權主義的家庭，但對於當代的美國人，尤其是都市人，似乎不太吻合——我們的家庭中很少有外顯的權威。但我所描述的景象基本上仍是事實。我們沒有公開的權威，卻有匿名的權威，表現在充滿情緒性的期待上，而非明白表示的命令。其次，父母不會覺得自己是權威，但是他們代表了市場的匿名權威，期待孩子能達到父母和孩子都共同遵守的標準。

罪惡感不僅來自人對於非理性權威的依賴——人們認為取悅權威是義務——甚至會反過來加深人的依賴。罪惡感已被證明是形塑和加深依賴性最有效的工具，權威主義倫理在整個歷史中的社會功能之一即在於：作為立法者的權威，讓其臣民為了許多不可避免的過犯而感到內疚。有鑑於在權威面前不可避免的過犯，以及懇求原諒的渴望，因此創造出一連串無止境的犯錯、罪惡感以及寬恕的渴望，這些壓力不斷束縛著臣民，讓他們對於寬恕心存感激，而不致對於權威命令有所批評。威權主義在關係上產生的凝聚力和力量，就是這種罪惡感和依賴性的交互作用。對於非理性權威的依賴，會讓依賴者的意志變得軟弱，而任何癱瘓意志的因素又反過來增加人的依賴性。因此，形成了惡性循環。

要使孩子的意志變得軟弱，最有效的方法就是喚起他們的罪惡感。在幼童早期是讓孩子覺得他的性渴望以及過早顯現的性渴望是「壞的」。由於孩子難免都有性渴望，這個方法屢試不爽。一旦父母親（以及他們所代表的社會）讓性和罪惡產生永久的聯想，就會製造出同樣程度的罪惡感，因此只要一出現性衝動，罪惡感就會浮現。此外，孩子的其他身體功能也會因為「道德」考量而萎縮。如果孩子不以規定的方式上廁所，如果他不如父母所期待的那麼愛乾淨，如果他挑食，那麼他就是壞小孩。五、六歲的孩子從此有了無所不在的罪惡感，因為他的本能衝動和父母親的道德評價之間的衝突，正是罪惡感不斷產生的源頭。

自由主義和「進步主義」的教育系統並沒有如人們所預期的改變這種情況。公開的權威被匿名的權威取代，公開的命令也被「在科學上」站得住腳的說法取代；「不准這麼做」被「你不會喜歡這麼做」取代。其實，在許多方面，這個匿名的權威比公開的權威更加專制暴虐。孩子不再覺得有人對他頤指氣使（也沒有發號施令的父母），因此他也無處反擊，最後形成了孤立感。大人會以科學、常識和合作為名哄騙、說服他，誰能抵抗這些客觀的原理呢？

一旦孩子的意志瓦解，他的依賴感就會以另一種方式增強。他隱約意識到自己的屈服和挫敗，因此必須找個理由解釋它，他沒辦法不明就裡接受令人困惑而痛苦的經驗。在這個情況下的合理化，原則上和印度賤民或受迫害的基督徒在心態上的合理化大同小異——他的挫敗和軟弱「被解釋」為對他的罪的公正懲罰。他失去自由的這個事實被合理化為罪證，而這個信念也更加助長了文化和父母親的價值系統所導致的罪惡感。

面對來自父母權威的壓力，孩子的自然反應就是叛逆，此即佛洛伊德的「伊底帕斯情結」的本質。佛洛伊德說，小男孩因為對母親的性欲而成了父親的對手，而精神官能症的形成，則是在於沒有辦法以滿意的方式對付深植於這個敵對關係裡的焦慮。在指出孩子和父母親權威的衝突，以及對於這個衝突的束手無策時，佛洛伊德的確探觸到精神官能症的根源；然而我認為，這個衝突的起因主要不是來自性欲的敵對關係，而是源自孩子對於父母親權威壓力的反抗，而該權威則是父系社會的本質。

由於社會和父母親的權威往往會瓦解孩子的意志、自發性和獨立性，生來不該遭到摧殘的孩子會反抗父母所代表的權威；他會奮力爭取自由，不只是要擺脫壓力，更要爭取做自己的自由，做個成熟的人而不是機器。對於某些孩子而言，為自由而戰會比其他孩子成功，雖然只有少數會完全獲勝。孩子在和非理性權威的對戰中留下的挫敗傷痕，在所有精神官能症的底層可見一斑。它們形成一個症候群，其最重要的特徵是就削弱或癱瘓人的原創性和自發性。自我變得軟弱，而以虛假的自我替代之，在其中，「我存在」的感覺越來越模糊，取而代之的自我經驗只是他人期待的總和；自律（autonomy）被他律（heteronomy）所取代；終日渾渾噩噩，或者用蘇利文的話說，那是所有人際經驗的毒性扭曲（parataxic distortion）。如果人沒辦法掙脫威權主義的羅網，那麼失敗的嘗試就成了罪證，唯有重新屈服，才能回到心安理得的狀態。

（二）人本主義的良知

人本主義的良知不是我們亟欲取悅而害怕得罪的權威的內化聲音；它是我們自己的聲音，存在於每個人心裡，而與外在獎懲無關。這個聲音的本性是什麼？為什麼我們明明聽到它卻置若罔聞？

人本主義的良知是我們整體人格對其功能是否正常的反應；那不是對於個別能力的功能的反應，而是對於構成整體人類以及個人存在能力的反應。良知會對於我們作為人類的功能做出評判，（正如「con-scientia」的拉丁文字根所暗示的）它是**人內心的知識**，是關於我們在生活藝術裡的成敗與否的知識。然而，雖說良知是**知識**，但它並不只是抽象思想領域裡的知識。它有個**情感**性質在裡頭，因為它是對於我們整體人格的反應，而不只是對於我們心智的反應。其實我們不需要意識到良知講了什麼，才能讓良知影響我們。

有助於我們整體人格淋漓盡致發揮和開展的行動、思想和感情，會產生內心的認可和「自反而縮」的感覺，此即人本主義的「心安理得」的特徵。另一方面，對我們整體人格有害的行為、思想和感情，則會讓人覺得局促不安而困窘，此即「於心有愧」的特徵。因此，**良知是我們對自己的「再次行動」**。它是真正自我的聲音，呼喚我們回到自身，過著有創造性的生活，整全而和諧地發展自我，也就是**成為發揮潛能的人**。它守護著我們的人格完整；它是「應許我們所有應得的驕傲、同時肯定人的自我的能力」。[40]如果說，愛可以定義為對於潛能的肯定，以及對於被愛者的獨特性的關心和尊重，那麼人本主義的良知則可合理地稱為**我們關愛自己的聲音**。

人本主義的良知不只代表著真正自我的表現，更包含了生活中的道德經驗的本質。在那裡，我們保存了關於人生目標以及成就它的原則的知識——那些我們自己發現、從他人學習到、而且認為是正確的原則。

人本主義的良知是人的自身利益和人格完整性的體現，而威權主義的良知在意的是人的服從、自我犧牲、責任或「社會適應」。人本主義的良知的目標是創造性，所以是幸福，因為幸福和創造性的生活是如影隨形的。成為別人的工具並因此斲喪自己的結果，不管看起來多麼高貴，如「無私」、不快樂、逆來順受、灰心喪志，其實都和良知背道而馳。我們對人格完整性和適當發揮的任何侵犯，不管在思想或行動上，甚至在食物品味或性行為方面，都會和我們的良知互相牴觸。

但是在許多人心裡，良知的聲音是如此微弱，既聽不見也沒有任何作用可言。我們關於良知的分析是否有違事實？的確，這個事實正是人類的道德處境搖擺不定的原因。如果良知總是那麼大聲疾呼，那麼應該很少人會迷失他們的道德目標。我們從良知的本性可以找到一個答案：由於良知的功能是守護人真正的自身利益，所以唯有人不至於迷失自己、成為自己的冷漠和毀滅性的犧牲者，如此良知才能活潑充臆。良知和創造性之間具備了交互作用的關係，人的生活越有創造性，他的良知就越健旺。反過來說，良知越是充塞心間，創造性也就越豐富。人的生活越沒有創造性，他的良知就越虛弱。人的弔詭而悲劇性的處境正是在於，當他最需要良知的時候，良知總是最瘖啞軟弱的。

關於良知的閉塞不彰還有另一個答案，那就是我們拒絕傾聽，更重要的是我們忘記了如何傾聽。人經常誤以為良知會大聲說話，傳達清楚明確的訊息，但是每當等待這樣的聲音出現時，卻什麼也聽不見。實際上，當良知的聲音微弱、幾不可辨時，人就必須學習傾聽，並且理解它的訊息，才能信受奉行。

然而學習理解良知的訊息是極為困難的事，主要有兩個原因。為了傾聽良知的聲音，我們必須能夠傾聽自己，而這正是我們文化裡的許多人難以為之的地方。我們傾聽每種聲音、每個人，但是我們不會傾聽自己。各種意見和想法的噪音不斷襲向我們：電影、報紙、廣播、閒言閒語。如果我們刻意要避免傾聽自己，那將是輕而易舉的事。

傾聽自己之所以這麼困難，是因為這種藝術需要另一種現代人普遍欠缺的能力，也就是自我獨處的能力，事實上，我們對於獨處有一種恐懼，我們寧可有一個平凡甚至可憎的同伴、從事最無意義的活動，也不願意獨處，我們似乎很害怕面對自己。那是因為我們擔心自己很難相處嗎？我想害怕獨處其實是一種尷尬有時近乎恐懼的感覺，擔心突然看到一個既熟悉又陌生的人，讓我們害怕而逃避。於是，我們錯過了傾聽自己的機會，繼續漠視我們的良知。

40 參見Friedrich Nietzsche, *The Genealogy of Morals*, II, 3。另見：M. Heidegger, *Sein und Zeit*, 54-60, Halle a.s., 1927。

傾聽良知幾不可聞的聲音之所以很困難，是因為它不是直接對我們訴說的，我們也經常不知道讓我們心神不寧的，其實正是我們的良知。我們或許會為了許多表面上和良知無關的理由感到焦慮（甚或厭煩），而對良知被忽略的間接反應，大抵都是模糊而說不上來是什麼的內疚和不安感，或只是疲倦或百無聊賴的感覺。有時這些感覺會被合理化為沒有做好某些事而產生的罪惡感，即使這些讓人內疚的疏失其實不是什麼真正的道德問題。但如果真實卻不自覺的罪惡感太過強烈，無法以膚淺的合理化消音，它就會表現在更加蝕心刻骨的焦慮上，甚至造成身心的疾病。

對死亡的恐懼是這個焦慮的形式之一；那不是人在沉思死亡時感到人皆有死的普遍恐懼，而是如附骨之疽般對於臨終殞命的驚駭。對死亡非理性的恐懼肇因於沒有好好過活，是我們因浪擲生命、錯失發光發熱的機會而於心有愧的表現。死亡的痛苦椎心刺骨，但想到沒有好好活過就必須死去，則更讓人難以忍受。和對於死亡的非理性恐懼相關的，是在我們的文化中對老化更加惶惶不安的恐懼。同樣的，我們為衰老找到合理而正常的解釋，但是它在性質以及強度上和對於「太老了」如夢魘般的擔憂，則相差不可以道里計。我們經常觀察到——尤其在精神分析的情境裡——許多人年紀輕輕就為了害怕衰老而困擾不已，他們相信體力衰退和整個人格的衰弱有關，包括情緒和知性方面的力量。這個想法最多只是迷信罷了，即使有顛撲不破的反證，他們仍然堅持自己的想法。尤有甚者，我們的文化強調諸如敏捷、適應力、身體活力等所謂的年輕特質，這都是以競爭而非性格發展為取向的世界所必備的特質。然而，許多情況證明了年老以前過著創造性生活的人絕對不會變質，相反的，他的體力雖然衰退，但在創造性的生活中養成的心理和情緒特質，卻會持續成長。至於沒有創造性的人，當他的體力（他活動的主要泉源）枯竭時，他的整個人格的確會變質。年老時的人格變質是個病症，證明了他的生活沒有創造性。害怕變老是對生活沒有創造性的（經常是潛意識的）感覺的表現，是我們的良知對自我殘缺的反應。有些文化其實是既渴望也敬重年老的特質，例如智慧和經驗等，在這些文化中，我們看到一種態度，在以下日本畫家葛飾北齋所說的這段話中有優美的展現：

> 我從六歲起就熱中於臨摹事物形狀。到了五十歲，我已經發表了無數的圖畫作品；但是我在七十歲以前的創作都不值得一提。到了七十三歲，我才稍稍摸懂蟲魚鳥獸的骨骼，並對花草樹木有所理解。我盼望到了八十歲時能有點長進，到了九十歲能夠參透萬物的奧義；年居一百，能夠臻至神妙之域；一百晉十歲，我筆下的一點一畫，都能栩栩如生。
>
> 這是我七十五歲時關於繪畫的感言，以前的北齋，如今是耆耄老者。[41]

害怕別人的反對，雖然不如對於死亡和年老的非理性恐懼那麼引人注目，卻同樣是潛意識中罪惡感的表現。我們在此再度看到一個正常態度的非理性扭曲：人在本性上都想被同伴接受。現代人想被

41 J. LaFarge, *A Talk About Hokusai* (W. C. Martin, 1896).

每個人接受，因此很害怕在思想、感覺和行動上偏離文化模式。這個非理性的害怕別人反對的理由之一，正是潛意識的罪惡感。如果人因為生活沒有創造性而無法認可自己，就必須以他人的認可取而代之。

唯有把這種渴望認同視為道德問題，視為無所不在卻不自覺的罪惡感，才能充分理解它。人似乎可以對良知的聲音充耳不聞，但在一種狀態下這個意圖會失敗，那就是睡眠。睡夢中，在白天對他疲勞轟炸的噪音都被隔絕掉了，他得以感受到由許多非理性渴望、價值判斷和見解所構成的內在經驗。睡眠經常是人唯一無法讓其良知沉默的時候，但是悲劇在於，當我們在睡夢中聽到良知的聲音時，我們什麼也不能做，而當我們能有所行動時，我們又忘記了在睡夢中聽到了什麼。

以下的夢境或許可以作為例證。有個著名的作家找到一份工作，他必須出賣作家的完整人格以換取財富和名聲，在考慮是否接受這個工作時，他做了這個夢：在一個山腳下，他看到兩個很有成就的人，他以前曾因他們的投機而瞧不起他們；他們要他開車走小路到山頂。他照著他們的話做，結果快到山頂時，他的車掉到山下，他也跟著喪命。這個夢境的訊息必須稍做分析：他在睡夢中知道接受這個工作會毀了他，當然不是如夢境的象徵語言所表現的肉體死亡，而是作為人格完整而有創造性的人的死亡。

上文在討論良知時，我分別檢視了威權主義和人本主義的良知，以顯示它們的特性；但是在現實世界裡，它們當然不是那麼涇渭分明的，而在任何人身上也不是互斥的。相反的，實際上每個人都有兩種「良知」。問題在於如何區分它們各自的力量以及相互關係。

人時常從威權主義良知的角度有意識地體會到罪惡感，雖然就其動力而言，它們是根植於人本主義的良知，在這種情況下，威權主義的良知其實是人本主義良知的合理化。人會因為得罪權威者而在意識層次感到內疚，卻因為沒辦法達到對自己的期待，而在潛意識裡生成罪惡感。比方說，有個人想成為音樂家，最後為了滿足家庭的要求而成了生意人。他的生意一敗塗地，他父親為了兒子的失敗也感到相當失望。兒子覺得很憂鬱，認為自己什麼都做不好，最後決定求助於精神分析師。在與醫師的諮談中，他先是絮絮叨叨講起他的自卑和憂鬱症，很快地，他明白了他的憂鬱症是因為他讓父親失望而感到愧疚。當分析師問到這個罪惡感是否真實時，他突然大發雷霆。但是後來他在夢裡看到自己變成事業有成的生意人，父親對他大表讚賞，那是他在現實生活裡不曾發生的事，就在此時，夢中的他突然驚慌失措、衝動得想自戕，接著便從夢中驚醒。他的夢讓他大吃一驚，心想他是否搞錯了罪惡感的真正來源。接著發現他的罪惡感的核心不是因為辜負父親的期待，而是因為他為了服從父親而無法滿足自己。作為威權主義良知的表現，他意識到的罪惡感的確夠真實了，但卻遮掩了對自己的內疚，那是他完全沒有意識到的。這個潛抑（repression）的理由不難分辨：我們文化中的種種模式都支持這種潛抑，根據這些模式，因辜負父親的期待而產生罪惡感是很合理的事，而因忽視自我而感到內疚則難以理解。另一個理由則是害怕由於意識到他真正的罪，他會因而被迫解放自己，認真對待**他的**生活，而不是在害怕憤怒的父親以及滿足他自己之間搖擺不定。

威權主義和人本主義良知之間的關係還有另一種形式，雖然規範的內容是相同的，但接受的動機則有不同。例如不可殺人、不可憎恨、不可嫉妒、愛你的鄰人等誡命，既是威權主義倫理的規範，也是人本主義倫理的規範。我們可以說，在良知演化的第一個階段，由權威發號施令，而其後人們之所以服從，不是因為向權威屈服，而是因為人和自己的關係。赫胥黎（Julian Huxley）曾指出，在人類演化的歷程裡，威權主義良知的習得是人類演化歷程的必要階段，此後理性和自由才會發展到足以產生人本主義的良知。在兒童的發展方面，也有人提出類似的看法。雖然赫胥黎的歷史分析有其道理，我卻不認為在非威權主義的社會裡，對兒童而言，威權主義的良知必須是形成人本主義良知的先決條件；但是只有人類的未來發展，才能證明或否證這個假設的有效性。

如果說，良知奠基於僵化而不容置疑的非理性權威，那麼人本主義良知的發展就會幾乎完全被壓制。如是，人會完全依賴於外在於他的權力，對自己的存在不再關心或具備責任感。對他而言，重要的是這些權力的認可或反對，它們可以是國家、領袖或同樣不容小覷的輿論。在人本主義的意義下最不道德的行為，在威權主義的意義下可能被認為是「義務」。對於兩者皆然的「應然」感覺是個很靠不住的因素，因為它可能指涉人心裡最好或最壞的事物。

關於威權主義和人本主義良知之間錯綜複雜的相互關係，卡夫卡的《審判》是個很美的例證。書中主角K，「在一個天氣晴朗的早晨發現自己被逮捕了」，他沒有被宣告犯了什麼罪，而且似乎要終身監禁。整部小說就在描述K如何在一個神祕兮兮的法庭上申辯，而他對其法律和訴訟程序一無所知。他慌慌張張地求助於訟棍律師、和法官有關係的女人、以及任何他找得到的人，卻都徒勞無功。最後他被判死刑，並且被處死。

小說以夢幻象徵的語言敘事，所有事件都很具體而看似寫實，雖然它們實則指涉著以外在事件為象徵的內在經驗。故事訴說一個人的罪惡感，他覺得被不知名的權威指控，因為得罪他們而感到內疚；然而這些權威又是如此遙不可及，他根本不知道他們所指控的罪名，也不知道如何為自己辯護。從這個角度看，小說代表了與喀爾文神學極為類似的神學觀點。人無論被定罪和拯救，他都不明所以。他能做的只是觳觫不安，任憑神的處置。在這個詮釋裡蘊含的神學觀點，正是喀爾文關於罪的概念，是極端的威權主義良知的代表。然而，在某個點上，《審判》裡的權威和喀爾文的上帝有著根本的差異，他們不但不莊嚴宏偉，甚至是腐敗和齷齪的。這個層面象徵了卡夫卡對於這些權威的叛逆。他覺得被徹底擊敗因而感到愧疚，然而他厭惡他們，覺得他們缺少任何道德原則。這個屈服和叛逆的複雜情緒正是許多人在面對權威（尤其是內化的權威）時，典型的屈服與反叛交錯而來的感覺。

但是K的罪惡感同時也是對於他的人本主義良知的反應。他發現他「被拘捕」，這意謂著他的成長和發展受阻。他感受到自己的空虛和貧乏。卡夫卡用短短幾句話恰如其分地形容了K的生活是如何地缺少創造性。他的生活是這樣的：

> 那年春天，K習慣用這種方式消磨晚上的時光：下班以後——他通常在辦公室裡待到九點——

只要時間許可，便獨自一人或者和幾個同事散步一下，然後走進一家啤酒店，在一張大多數情況下由年長者付錢的桌邊坐下，直到十一點才離開。但是，這個慣例也有幾次例外：當銀行經理請他乘車出去逛逛，或請他到鄉間別墅中吃飯時便是這樣。經理對他的勤快和可靠有很高的評價。另外，K每星期要去看一個叫作艾爾莎的小姐；她在酒吧間裡當夜班女侍，每夜都要通宵達旦，白天則在床上接待恩客。42

K覺得內疚卻不明所以。他逃避自我，亟欲求助於他人，可是只有明白罪惡感的真正原因，並開展創造性，才能夠拯救自己。他問逮捕他的差役各種問題：關於法庭，以及他在審判中的機會。他得到的唯一忠告正是在這種情況下可能會聽到的。差役說：「雖然我不能回答你的問題，倒至少可以給你一個忠告：少捉摸我們，少考慮你會遇到什麼事，還是多想想你自己吧。」

在另一個場景裡，監獄的神父代表了他的良知。神父跟他說，他必須給自己一個交代，賄賂或乞求憐憫都不能解決他的道德問題。然而K只把神父視為另一個可以為他求情的權威，他在意的只是神父是否在生他的氣。當他試圖討好神父時，神父從講壇上厲聲叫道：「你的目光難道不能放遠一點嗎？」這是忿怒的喊聲，同時又像是一個人看到別人摔倒、嚇得魂不附體時脫口而出的尖叫。但就算這個尖叫聲，也還是沒辦法喚醒K，他只是以為神父在惱火他，因而更加愧疚。談話終了前，神父對他說：「既然這樣，我為什麼要向你提出各種要求呢？法院不會對你提出什麼要求。你要來，它就受理你；你要走，它就把你當庭開釋。」這句話正好表現出人本主義良知的本質。沒有任何在人之上的權力可以對人提出道德要求，人生中的成敗得失是人要對自己負責的，人唯有明白良知的聲音，才能夠回到自己。如果不明白，這個人就會灰飛煙滅；除了他自己，沒有人能幫助他。K沒辦法明白良知的聲音，因此必須死去。在行刑時，他總算看到他真正的問題，意識到自己缺少創造性，缺少愛，缺少信仰：

> 他的目光落在採石場旁邊的那座房子的頂層上。那兒亮光一閃，好像有人開了燈，一扇窗戶驀地打開了。一個人的身子突然探出窗口，他的雙手整個伸出窗外；由於他離得遠，站得高，所以他的形象模模糊糊，看不清楚。這個人是誰？朋友？好人？同情者？願意提供幫助的人？他僅僅代表某個人嗎？還是整個人類？馬上就會有人來幫忙嗎？是不是以前被忽略的有利於他的論點又有人提出來了？當然，這樣的論點應該有。邏輯無疑是不可動搖的，但它阻擋不了一個想活下去的人。他從未見過的法官在何處？他從來沒能夠進入的最高法院又在哪裡？他舉起雙手，張開十指。[43]

---

42 F. Kafka, *The Trial*, tr. E. I. Muir (New York: Alfred A. Knopf, 1937), P. 23.

43 同前註釋所引用之著作：PP. 287-8。

直到此時，K才真正看見人類休戚與共、分享友誼的可能性，以及人對自己的義務。他問著最高法院在哪裡，但現在他所探究的最高法院並不是他以前所相信的非理性權威，而是他的良知的最高法院，它才是真正的控訴者，只是他一直都不明白。K只意識到威權主義的良知，並試圖操弄這個良知所代表的威權。他忙著對著那個在他之上的人為自己辯護，使得他完全看不見真正的道德問題。他有意識地感到內疚，因為權威指控他。然而，他真正的罪在於他浪費了生命，但因為他無法認識到自己的罪，所以也就無從改變它。悲劇在於等到他真正看到早該發現的真相時，一切都太遲了。

我必須強調一點，人本主義和威權主義的良知之間的差別，不是在於後者是由文化傳統型塑而來，而前者則是獨立發展的。相反的，它在這方面很類似我們的語言和思考能力，雖然是人天生的潛能，卻只有在社會和文化脈絡下才會開始發展。人類五、六個世紀以來的文化發展，在哲學和宗教體系裡形成了倫理規範，讓每個人都有所遵循，除非某個人想自己從頭來過。但是基於所屬體系本身的利益不同，它們所代表的東西往往強調各種差異，甚於其所擁有的共同核心。不過從人的觀點來看，這些教義所具備的共同元素比它們之間的差別要來得重要許多，如果我們把這些教義的局限和扭曲理解成它們發展過程中的特定歷史、社會經濟和文化情境的結果，就會發現所有思想家都有個驚人的共同點，他們的目標都是人類的成長和幸福。

三、快樂和幸福

幸福不是德性的報酬，而是德性自身；並不是因為我們克制情欲，才能享有幸福，反之，是因為我們享有幸福，所以我們能夠克制情欲。

——斯賓諾莎《倫理學》

（一）快樂作為價值的判準

威權主義倫理學的優點是簡單明瞭，而人文主義倫理學則必須對付上述難題：如果要讓人成為唯一的價值評判者，那麼快樂或痛苦似乎就成了善惡的仲裁者。如果這是唯一的選項，那麼人本主義的原則的確不可能是倫理規範的基礎。因為我們看到有些人在喝醉時、累積財富和名聲時，或是傷害別人的過程中產生快感；也有人在愛、與朋友分享、思考、畫畫當中得到快樂。禽獸和人、好人和壞人、正常人和病態的人共同擁有的動機，怎麼會是我們生活的指引呢？即使我們把快樂的原則限定在那些不傷害他人合法利益的快樂，它仍不足以作為我們行為的指導原則。

可是，把對權威的屈服以及對快樂的回應視為兩個水火不容的指導原則，則是一個謬誤。我將嘗試說明：就快樂、滿足、幸福和喜悅等所做的分析，顯示了這些經驗之不同，甚至有部分矛盾的現象。這個分析指出，雖然在某個意義下，幸福和喜悅都是**主觀**經驗，卻是和**客觀條件**交互作用並依賴於後者的結果，因而不能和純粹主觀的快樂經驗混為一談。而這些客觀條件可以整個總結為「創造性」。

早期的人本主義倫理思想就已經意識到對快樂作定性分析的重要性。然而，由於缺乏對快樂經驗的潛意識動力的認識，問題的答案始終不盡如人意。精神分析的研究提供了新資料，也為這個人本主義倫理學的長久問題暗示了新答案。為了更加理解這些發現，以及其在倫理理論上的應用，概略說明關於快樂和幸福的重要倫理學理論，似乎會有幫助。

快樂主義（hedonism）主張，快樂是人的行動指導原則，不管是事實或規範。例如，歷史上第一個快樂主義的代表人物亞里斯提普斯（Aristippus, c. 435-356 B.C.），他就認為趨樂避苦是生活目標和德性的判準。對他而言，快樂是指當下的快樂。

極端而素樸的快樂主義有個優點，它堅決強調個人的重要性，以及對快樂的一個具體概念，也就是把快樂等同於直接經驗。[44]但它有個前述無法解決的難題，就是此原則具備相當主觀主義的特質。

第一個嘗試將**客觀**判準導入快樂概念以修正快樂主義立場的是伊比鳩魯，他雖然堅持快樂是人生目標，卻說「每一種快樂都是善，然而，並非每一種快樂都值得選取」，因為有些快樂後來造成的煩惱將大過於快樂本身；他認為唯有**正確**的快樂，才有助於明智、健康、正當的生活。「真正的」快樂在於心靈淡泊寧靜以及恐懼的闕如，而唯有審慎而有遠見的人才能做得到，這種人會為了恆久寧靜的滿足而放棄當下的滿足感。伊比鳩魯試圖證明他所謂「人生以快樂為目的」的概念，和中庸、勇氣、正義、友誼等德性並行不悖。但是「以感觸為標準來判斷一切的善」，並沒有克服基本的理論難題：也就是如何把主觀的快樂經驗和「正確」及「錯誤」的客觀判準結合在一起。他嘗試調解主觀和客觀判準的辦法，不外乎主張兩者的和諧的確存在。

反對快樂主義的哲學家也想解決相同的問題，他們試圖維護真理和普遍性的判準，又不想放棄以個人幸福作為人生終極目標的準則。

柏拉圖是第一個將真偽判準適用於欲望和快樂的哲學家，快樂和思想一樣，都**有真有偽**。柏拉圖並不否認快樂主觀感的真實性，但是他指出快樂的感覺可能「有誤」，而且快樂和思考一樣，都有**認知**的功能。柏拉圖用以支持這個觀點的理論是：快樂不只是源自人們孤立的感官，更來自整個人格。因此他推論：**好人會得到真正的快樂，而壞人則會得到虛妄不實的快樂**。

亞里斯多德和柏拉圖一樣主張：快樂的主觀經驗不能作為行為及其價值善惡的判準。他說，「如

44 另見H. Marcuse, "Zur Kritik des Hedonismus," *Zschft. f. Sozialforschung*, VII, 1938。

果有些事物使敗德壞性者感到樂趣，我們就不可能認為其他人也會感到同樣的樂趣，正如我們不能把病人感到有益、味甜或味苦的東西視為論斷，或把眼疾者似乎視為白色的物品也認定為白色。」[45]可鄙的快樂不是真正的快樂，「只對那些受了損害的人來說是快樂」，客觀而言稱得上快樂的，「是伴隨著現實活動而來的。」[46]對於亞里斯多德而言，真正的快樂有兩種，一種與滿足需求以及實現能力的過程有關，後者則是與獲得了能力以後的**行使**過程有關，也是更高等的快樂。快樂是一種人在自然狀態中的現實活動（energia），而最讓人滿意而充實的快樂，則是在充分實現或獲得能力後所產生的性質。它蘊含著愉悅和自發性，或者說是「無阻礙的」活動，所謂的「無阻礙」是指「沒有受限」或「受挫」。因此，快樂使活動充實，使生活完美。快樂和生活是一體不容分割的。最大也最長久的幸福來自人類最高貴的活動，近幾於神性，也就是理性的活動，正由於人的心裡有神性的元素，因此人才會從事這樣的活動。[47]亞里斯多德因此得出一個真正的快樂概念，它等同於健康而成熟的人的主觀快樂經驗。

在某些方面，斯賓諾莎的快樂理論和柏拉圖以及亞里斯多德很接近，卻又遠遠超越他們。他同樣相信快樂是正確的、德性生活的結果，而非禁欲學派所主張是罪惡的象徵。他以整個人類學概念作為基礎，對快樂提出更經驗性的明確定義，以支持其論證。斯賓諾莎的快樂概念和力量（potency）的概念有關。「快樂是一個人從較小的圓滿到較大的圓滿的過渡。痛苦是一個人從較大的圓滿到較小的圓滿的過渡。」[48]較大或較小的圓滿就好比實現一個人的潛能，以趨近「人性模型」的力量程度。快樂不是人生目標，卻和創造性活動須臾不離。「幸福不是德性的報酬，而是德性自身。」[49]斯賓諾莎所提出的幸福觀點，重要性在於其著重「力量」的動力概念。此外，歌德、居約（Jean-Marie Guyau, 1854-1888）和尼采之流的重要人物，都曾提出類似的倫理學理論，也就是說，快樂不是行動的主要動機，而是創造性活動的伴隨現象。

在史賓賽的《倫理學原理》裡，我們看到了快樂原則最完備而系統性的論述，可作為深入討論的絕佳起點。史賓賽關於苦樂原則的關鍵點就在於演化的概念。他認為快樂和痛苦都有著生物性功能，可以刺激人類從事有利於個人或全人類的行動，是演化過程中不可或缺的因素。「痛苦和會傷害生物的行動有關，而快樂則和有利其福祉的行動有關。」[50]「個體或種屬每天都因為趨樂避苦而生存著。」[51]快樂雖然是主觀經驗，卻不能僅從主觀角度去判斷，它有其客觀面，也就是人的身心福祉。

45 Aristotle, *Ethics*, 1173a, 21 ff.
46 同前註釋所引用之著作：1176a, 15-30。
47 詳參前著作Book VII, Chaps. 11-13; Book X, Chaps. 4, 7, 8。
48 *Ethics*, III, Re Affects, Def. II, III.
49 同前註釋所引用之著作：V, Prop. XLII。
50 H. Spencer, *The Principles of Ethics* (New York: D. Appleton Co., 1902), Vol. I.
51 同前註釋所引用之著作：PP. 79, 82。

史賓賽承認，在我們現有的文化裡產生了許多「變態的」快樂或痛苦經驗，他以社會矛盾和缺陷去解釋這個現象。他主張，「隨著人性完全適應社會狀態，人們必須承認以下真相，除了有助於未來的幸福（無論是特定或一般性的）以外，唯有及時行樂才是完全正確的行動，而痛苦（不是最後的、而是眼前的）則是伴隨錯誤行動而產生的。」[52]他說那些相信痛苦會產生有利的影響、而快樂會產生有害影響的人，是扭曲了真相，把例外當成了通則。

史賓賽把快樂的生物性功能這個理論比附到社會學理論。他認為「重塑人性以符合社會生活的需求，最終會使得一切有必要的活動都變得快樂，使不符合這些需求的行動變得令人不悅。」[53]又說：「伴隨著利用手段成就某目的的過程所產生的快樂，它的自身就成了目的。」[54]

柏拉圖、亞里斯多德、斯賓諾莎和史賓賽的概念都具備以下觀念：一、主觀的快樂經驗本身不是**價值**的充分判準；二、幸福和善是互相連屬的；三、對於快樂的評斷可以有客觀的判準。柏拉圖以「好人」作為真實快樂的判準，亞里斯多德則談到「人的功能」；斯賓諾莎和亞里斯多德一樣，也提到人藉著運用力量以實現人的本性；史賓賽則是指涉到人的生物性和社會性演化。

前述關於快樂的理論以及其在倫理學中所扮演的角色都有個缺陷：它們都缺少了以精確的研究和觀察技巧作為基礎的資料。而精神分析對潛意識動機及性格動力的觀察入微，則為這些先進研究和觀察技巧奠定了基礎，使我們可以超越傳統視野，進一步討論作為生活規範的快樂。

精神分析證實了反對快樂主義倫理學的看法，它認為主觀的滿足經驗本身是靠不住的，並非有效的價值判準。精神分析關於受虐狂本質的看法證實了反對快樂主義的立場是正確的。所有受虐狂的欲望都可以形容成**對於會傷害整體人格的事物的渴望**，而更明顯的受虐狂形式，則是追求肉體痛苦以及痛苦後的愉悅。至於變態的受虐狂，則致力於追求性刺激和滿足，是有意識的對痛苦產生欲望。「道德的自虐狂」則渴望心理上的傷害、羞辱與宰制；這個願望通常是無意識的，但會被合理化為忠誠、愛或自我否定，或對於自然律、命運或是其他超越人類的力量的反應。精神分析證明了受虐狂的渴望有多麼壓抑，又被合理化得多麼天衣無縫。

然而，受虐狂的現象只是客觀有害的潛意識欲望的冰山一角；所有精神官能症都可以解釋成往往會傷害和妨礙個人成長的潛意識渴望。渴望有害的事物正是心理疾病的本質，每個精神官能症都證實了快樂有可能違反人的現實利益。

雖然因滿足了精神官能症的渴望而產生的快樂很可能是潛意識的，卻不盡然如此。受虐狂的病態，正是精神官能症的渴望所形成的有意識快樂。虐待狂以羞辱他人來滿足自己，守財奴為積聚的財富而沾沾自喜，他們或許會、也或許不會意識到他們是從滿足這些渴望中而得到的快樂。這些快樂是

52 同前註釋所引用之著作：P. 99

53 同前註釋所引用之著作：P. 183。

54 同前註釋所引用之著作：P. 159。

有意識或潛抑的，取決於兩個因素：個人心裡對他非理性的渴望的抵抗力有多強，以及社會風俗對於這種快樂享受的褒貶程度如何。快樂的潛抑有兩個不同的意義：不那麼徹底但較常見的潛抑形式是有意識地感到快樂，但沒有連結到非理性的渴望本身，而連結到它的合理化表現。例如說，守財奴或許以為他之所以感到滿足，是因為他小心呵護家庭。虐待狂或許覺得他的快樂是來自道德的義憤。更極端的潛抑形式則根本沒有意識到任何快樂：許多虐待狂會嚴肅地否認看到別人受辱可以讓他有任何快樂，然而，對他的夢進行分析和自由聯想，卻顯示其中存在著潛意識的快樂。

痛苦和不幸福也可以是潛意識的，潛抑的形式也可能和上述快樂的情況一樣。人或許會因為他沒有得到所渴望的成就而覺得不幸福，或因為健康出問題，或為著人生中許多外在因素所造成的挫折；然而他感到不幸福的根本理由，或許只因他欠缺創造性，因為他的人生空虛，沒有能力去愛，或是任何讓他感到不幸福的**內在**缺陷。可以說，他把自己的不幸給合理化了，因而無法察覺真正的原因。對於不幸福更徹底的潛抑，則是讓人根本沒意識到不幸福，在這種情況下，雖然人相信自己很快樂，其實卻是處於憾恨而不幸福的狀態。

對於潛意識的幸福和不幸福的概念有個很重要的反對意見，它認為幸福和不幸福等於我們有意識的幸福和不幸福，而不自覺的快樂和痛苦，就等於沒有快樂或痛苦。這個論證不只有理論的重要性，更有著極為重要的社會倫理意涵。如果說，奴隸不因他們的命運乖舛而感到痛苦，我們局外人怎麼能以人的幸福為理由去反對奴隸制度呢？如果現代人真的像他們所假裝的那麼幸福，這豈不是證明了我們建造了所有可能世界中最美好的一個世界嗎？那麼，幸福的幻覺難道還不夠充分嗎，或者說，「幸福的幻覺」本身不就是個自我矛盾的概念嗎？

這個反對意見忽略了一項事實，那就是幸福和不幸福都不只是一種心態而已。事實上，幸福和不幸福都是整個生物狀態、整體人格的表現。幸福與活力、感受意識、思考及創造力的增加，都具有連帶關係；不幸福則和這些能力的減退有關係。由於幸福和不幸福是整體人格的狀態，因此身體的反應往往比我們有意識的感覺更加顯著。一個人憔悴的臉、情緒低落、疲憊，或諸如頭痛之類的身體症狀，甚或嚴重的疾病，都是不幸福的常見表現，正如安適的身體感覺就可能是幸福的「症狀」之一。的確，關於幸福的狀態，我們的身體比心理上更不容易受騙，我們可能相信將來有一天，幸福和不幸福的存在和程度，或許可從檢驗身體的化學作用推論得到。同理，我們的心智和情緒能力的功能也會受到幸福和不幸福的影響。我們的理性是否犀利敏銳，以及感受的強度，都是取決於它。不幸福會使我們所有的心理功能衰弱甚至癱瘓，幸福則會增強它們。當個人整體並無實際的幸福，而只是主觀感到幸福，那這種幸福就只不過是一種虛幻的感覺，和真正的幸福毫無關係。

如果說快樂和幸福只存於一個人的腦袋，而不是他的人格狀態，我會稱之為「偽快樂」或「偽幸福」。比方說，一個人去旅行而有意識地感到幸福；然而他之所以有此感覺，是因為幸福正是他認為在這個愉快旅行裡應有的經驗；實際上，他可能在潛意識裡覺得失望或不幸。夢境或許會對他透露真相，也或者往後他會明白那並非真正的幸福。在許多情況下也可以觀察到「偽痛苦」，人們習慣會預期不幸，並因而感受到悲傷和痛苦。「偽快樂」和「偽痛苦」其實都只是一種偽裝的感覺；**它們是關於感覺的念頭**，而非真正的情緒經驗。

（二）快樂的種類

如前所述，對於各種快樂的性質所做的差異分析，是探討快樂和倫理價值關係的關鍵。[55]

佛洛伊德和其他人士都認為有一種快樂是所有快樂的本質，那就是**惱人的緊張狀態解除以後的感覺**。飢餓、口渴，以及性愛、睡眠和運動的需求，都根植於生物的化學作用。滿足這些要求有其客觀生理的必要性，而它在主觀認知上則成了欲望，如果長期沒有得到滿足，就會產生惱人的緊張狀態。如果緊張狀態得以釋放，那鬆一口氣的感覺就是快樂，我稱之為滿足（satisfaction）。「satisfaction」一詞源自拉丁文的「satis-facere」，意即「滿全」，似乎最足以形容這種快樂。所有這類生理需求的本質就在於，只要滿足了需求，因器官的生理變化而導致的緊張狀態就會戛然而止。我們覺得餓了就吃飯，不過我們的器官乃至於我們自己，吃多了其實反而會感到痛苦。解除惱人的緊張狀態時的滿足感是最常見的快樂，在心理上也最容易獲得，而且這個快樂也可能是最強烈的——如果緊張狀態持續得夠久、也夠劇烈的話。這類快樂的重要性無庸置疑，在許多人心裡，它無疑是唯一能感受到的快樂。

解除緊張狀態之後會產生另一種快樂，不過緊張狀態的性質和前述情況有所不同，那是心理的緊張狀態。人或許會覺得欲望是來自身體需求，其實那是由非理性的心理需求所決定的。他可能有強烈的飢餓感，不過不是來自正常的生理需求，而是為了緩解焦慮或憂鬱的**心理**需求（雖然會伴隨著異常的生化反應）。我們都知道，想要喝東西經常不是因為口渴，而是一種心理制約。

強烈的性欲也可能不是來自生理需求，而是心理的。沒有安全感的人會有證明自身價值的強烈需求，想對別人證明他是多麼有魅力，或「引起」他人的性欲，藉此操控他人。這種人很容易會有強烈的性欲，而如果欲望沒有得到滿足，便會感受到強烈的精神緊張。雖然他老認為他的強烈欲望是來自身體的要求，其實這些都是由心理需求所決定的。精神官能症的嗜睡即一例，人們覺得那是和疲倦一樣的身體狀態，但它其實是心理狀態所導致的，例如潛抑的焦慮、恐懼或憤怒。

這些欲望和正常的生理需求很類似，兩者都根植於一種匱乏或缺陷。有的缺陷是因為生物體內正常的化學作用，有些則是心理功能失常的結果。這兩種情況的缺陷都會導致緊張，而緊張的解除就會感到快樂，所有看起來和身體需求無關的非理性欲望，如熱切地渴望名聲、支配或臣服、羨慕和妒忌等，也都根植於人的性格結構，源自人格的損害或扭曲。滿足這些激情時所感受到的快樂，同樣是來

55 現在似乎沒必要證明邊沁的假設「所有快樂在性質上都是一樣的，只有量的差別」的謬誤，幾乎再也不會有心理學家支持這種看法，即使「玩樂」的流行觀念仍然暗示著所有快樂都是同性質的。

自心理緊張的解除，正如受到精神官能症影響的身體欲望一樣。

雖然衍生自真正的生理需求以及非理性的心理需求所獲得的快樂，原因都是緊張感的解除，但在性質上卻大異其趣。如飢渴、口渴等受到生理影響的欲望，會隨著生理緊張狀態的解除而得到滿足，但只要生理需求再度發生，它們就會重新出現，因此它們在本性上是有週期性的。相反的，非理性的欲望則是永不饜足的。有羨慕、占有、虐待狂傾向的人，他們的欲望並不會隨著滿足而消失，最多也只是暫時消失而已。這些非理性欲望的本性就在於它們不可能「滿足」，因為它們源自人內心的不滿足。缺乏創造性，以及因此而導致的無力感和恐懼，都是這些激情的渴望和非理性欲望的根源。即使人可以滿足對權力和毀滅的全部欲望，但仍無法改善內心的恐懼和寂寞，緊張感始終存在。原本很美好的想像成了詛咒，由於人的恐懼沒有得到緩解，於是他想像更多的滿足會療癒他的貪婪，恢復內心的平衡。然而，貪婪是個無底洞，而想要從滿足得到解脫的念頭也只是一種海市蜃樓。的確，貪婪並不如許多人所想的根植於人的動物本性，而是在他的心智和想像裡。

我們看到因實現了生理需求和精神官能症的欲望而得到的快樂，都是消除惱人的緊張狀態的結果。不過前者可以說是真正的滿足，是正常也是快樂的條件，而後者最多只是暫時緩解需求，是病態的作用和根本不幸福的徵兆。我建議將衍生自非理性欲望的滿足而生的快樂稱為「非理性的快樂」，以別於「滿足」，後者是正常生理欲望的實現。

就倫理學問題而言，非理性的快樂和幸福之間的差別，遠比非理性的快樂和滿足之間的差別來得重要。為了了解這個區別，概述心理學上的**匱乏**（scarcity，或譯「稀缺性」）和**富足**（abundance，或譯「豐裕」）的概念會很有幫助。

身體需求沒有得到實現會產生緊張，解除了緊張則會得到滿足——匱乏是滿足的基礎。在另一個意義下，非理性的欲望也是根源於缺陷、人的不安全感和焦慮，這些因素迫使他產生仇恨、羨慕或屈服的心態；從渴望的滿足所衍生出來的快樂，則根源於創造力的根本性匱乏。生理的需求和非理性心理的需求，都是匱乏系統的一部分。

但是在匱乏的領域之外則是**富足**的領域。雖說即使是動物也會在嬉戲裡表現出剩餘的精力[56]，但是富足的領域基本上屬於人的現象，是創造性的領域、內心活動的領域。唯有當人不必為了生存而工作並因此耗盡精力，這個領域才可能存在。人類演化的特徵正是在於富足領域的擴張，也就是用在不僅為生存成就方面的剩餘精力不斷增加的結果。一切唯有**人類**才有的成就，都是發源自富足。

所有活動領域裡都存在著匱乏和富足的差別，乃至於滿足和幸福的差別，即便是諸如飢餓和性愛之類的基本功能。滿足強烈飢餓感的生理需求會讓人快樂，因為它解除了緊張狀態。而因胃口滿足而得到的快樂在性質上則和解除飢餓的滿足感有所不同，胃口是對美味經驗的期待，它有別於飢餓，並不會產生緊張狀態。在這個意義下，品味是文化發展和精緻化的結果，就像音樂和藝術的品味一樣，

56 關於此問題的卓越分析詳見：G. Bally, *Vom Ursprung und von den Grenzen der Freiheit* (B. Schwabe Co., Basel, 1945)。

只有在富足情境下才可能開展，不管是文化或心理上的富足。飢餓是匱乏的現象，而它能得到滿足則是一種需求。胃口是富足的現象，但它的滿足不是需求，而是自由和創造性的表現，其伴隨而來的快樂可以稱為「愉悅」（joy）。[57]

在性愛方面也可以區分飢餓和胃口。佛洛伊德所謂的「性愛」是一種衝動，完全出自受生理影響的緊張狀態，就像飢餓一樣，因滿足而得以解除。但是他忽略了與胃口相對應的性欲和快樂，這類慾望只存在於富足的狀態中，是人類特有的現象。對性愛「飢渴」的人，會因緊張的解除而感到滿足，不管是生理或心理上的緊張，而這個滿足就構成他的快樂。[58]但是我們稱之為「愉悅」的快樂，則深植於富足和自由之中，是性愛和情感的創造性的表現。

愉悅和幸福一般都被認為等同於伴隨著愛而來的快樂。其實，許多人認為愛是幸福的唯一來源。然而，愛就像所有人類活動一樣，必須區分創造性和非創造性的形式。如前所述，非創造性的或非理性的愛可以是受虐狂或虐待狂的共生關係，那樣的關係不是基於相互尊重和人格完整——這兩個人相互依賴——而是因為他們無法依賴自己。這種愛和其他非理性渴望一樣都是基於匱乏，基於欠缺創造性和內心的安全感。創造性的愛則是兩人之間最親密的關係形式，同時也能在其中保存個人的人格完整，那是一種富足的現象，而這個能力也證明了人性的成熟。愉悅和幸福創造性的愛是相伴而生的。

在所有活動的領域裡，匱乏和富足的差別都決定了快樂經驗的性質。每個人都有滿足、非理性的快樂以及愉悅的經驗，差別在於這些快樂在生活裡各自的比重。滿足和非理性的快樂不需在情感方面付出，只要有能力創造解除緊張的條件就行了，而愉悅則是一種成就，它預設了內心的努力，也就是創造性活動的付出。

幸福是人的內在創造性的成果，而非諸神的恩賜。幸福和愉悅不是滿足源自生理或心理匱乏的需求，它們不是解除緊張的狀態，而是伴隨著創造性活動而來的成果，無論是一種思想、感覺或行動。愉悅和幸福在性質上毫無差別，不同者僅只在於愉悅是指單一行為，而幸福則可以說是持續性或整體愉悅的經驗。我們可以說「有些愉悅」（複數），但是「幸福」只會是單數。

幸福意謂著我們已經為了人類存在的問題找到答案：創造性地實現潛能，從而與世界合而為一，並保存自我的完整性。人在創造性地使用精力時，自身力量也會增長，「他燃燒自己，卻不會燒盡」。

幸福是生活藝術的卓越性判準，也是人本主義倫理學裡所謂的美德的判準。幸福在邏輯上經常被認為是悲傷或痛苦的反面。身體或心理的折磨是人類存在的一部分，每個人都難免都要體驗它們，如果不計一切地逃避悲傷，只會使人完全抽離，因而失去了體會幸福的能力。因此，幸福的反面不是悲

---

57 由於此處我只想分析匱乏的快樂和富足的快樂之間的差別，應該不必進一步處理飢餓和胃口的問題。只要提到在胃口裡總會有相當程度的飢餓因素就夠了。攝食功能的生理基礎對我們的影響是，如果完全沒有飢餓感，我們的食欲也會降到最低。

58 亞里斯多德的經典名言：「所有動物交媾後都會感到憂鬱。」可以說明人類在匱乏層次上的性滿足。

傷或痛苦，而是由內心的貧瘠和無創造性所導致的憂鬱。

目前為止，我們探討了和倫理學理論有關的各種快樂經驗：滿足、非理性的快樂、愉悅和幸福。除此之外，我們還得簡單討論一下另外兩種沒那麼複雜的快樂。其一是完成設定目標時的快樂，我把這種快樂稱為「滿足感」（gratification）。完成了心裡意欲的事會讓人感到滿意，雖然那些事不一定是有創造性的，但這證明了人有力量和能力應付外在世界。滿足感不一定來自特定活動的完成，不管是打一場漂亮的網球，或在事業上功成名就，都可以得到滿足感，重點是他設定的目標要有點難度，而結果也令人滿意。

另一種有待討論的快樂則和努力無關，而是努力的反面——放鬆；它是不費力但快樂的活動結果。放鬆的重要生物性功能在於調整生命節奏，因為它不能一直動個不停。「快樂」一詞毫無疑問地最能形容透過放鬆而產生的美好感覺。

我們在前文討論過快樂主義啟人疑竇的性格，它主張**快樂是人生的目的**，因此快樂本身即善。根據對各種快樂所做的分析，我們現在可以提出和倫理有關的快樂的看法。因為解除生理緊張而得到的滿足既非善亦非惡，就倫理評價而言，它是中性的，正如滿足感和快樂一樣；但是非理性的快樂以及幸福（愉悅），則都是具有倫理意義的經驗。非理性的快樂意謂著貪婪，以及無法解決人的存在問題。相反的，幸福（愉悅）則證明了「生活的藝術」局部或整體的成就。幸福是人生最大的成就，是人以整體人格回應對自身及外在世界的一種創造性取向。

以快樂主義的思考方式沒辦法充分分析快樂的本質，因而總讓人以為最輕鬆的生活（擁有某種快樂）就是最有價值的，實際上，有價值的東西不會是輕鬆的；於是快樂主義的謬誤使人很容易對自由和幸福提出異議，認為拒絕快樂才是善的證明。人本主義倫理學其實可以假定幸福和愉悅就是它的主要德性，但這並不是要求最輕鬆的生活，而是**完成人類最艱鉅的使命，也就是完全發揮創造性**。

（三）手段和目的的問題

存在於目的中的快樂相對於手段裡的快樂，這個難題對於當代社會特別重要，當人太過關心手段問題，經常就忘了原本的目的。

史賓賽對於目的和手段的問題曾有非常清晰的闡述。他說和目的有關的快樂，**必然**也會使得用來成就該目的的手段是快樂的。他假定說，隨著人性完全適應社會狀態，「除了有助於未來的幸福（無論是特定或一般性的）以外，唯有及時行樂，才是完全正確的行動，而痛苦（不是最後，而是眼前的）則是伴隨著錯誤行動而產生的。」[59]

59 *Principles of Ethics*, Vol. I, P. 49.

史賓賽的假設乍看下很有道理。比方說，如果某人計畫一次快樂的旅行，準備的過程或許也會很快樂，但是事實顯然並非如此，因為為了渴望的目的而從事的許多準備工作並不有趣；如果說療程很痛苦，病人眼前的目的——也就是他的健康——並不會使治療變得很快樂；同理，分娩的痛苦一點也不好玩。為了成就心中渴望的目的，我們會做很多不開心的事，只因為**理性**告訴我們必須這麼做。我們最多可以說，對於最後快樂的期待，可以讓這個不愉快多少減輕一些，甚或完全掩蓋過和手段有關的不愉快。

但是手段和目的的問題的重要性不僅於此；那些只有從潛意識動機去思考的問題更加重要。我們或許可以引用史賓賽就目的和手段的關係所舉的一個例子。他說，一個商人會因為帳簿結算的結果分毫不差而感到快樂。「如果你問他，何必如此大費周章，那和賺錢甚至生活的享受一點關係也沒有啊！他會回答：帳目正確是為了賺錢目的而必須滿足的條件，而且這件事本身也是眼前的目標（必須執行的義務），或許是履行了掙錢的義務，也或許是履行了供養自己和妻兒的義務。」[60]在史賓賽的觀點裡，在手段裡的快樂——記帳——是衍生自目的中的快樂，是一種生活的享受，或說「義務」。可是史賓賽沒有看到兩個問題。比較明顯的問題是：在意識層面知覺到的目的，或許和潛意識裡的目的不一樣。人或許會認為他的目標（動機）是享受人生或是對他的家人盡義務，可是他真實的（雖然是潛意識的）目標，卻是透過金錢得到的權力或是操贏致奇的快樂。

第二個、也是更重要的問題，則是由於假設和手段有關的快樂必然衍生自和目的有關的快樂。雖然有時誠如史賓賽所假設的，在目的中的快樂（以後可以花錢）會使得成就該目的手段（記帳）也很開心，可是記帳的快樂可能具備完全不同的來源，它和目的的關係或許只是虛構的。典型的例子是：某個強迫症商人極為享受記帳這個過程，當他的帳目分毫不差時就開心得不得了。如果我們檢視他的快樂，會發現他是個充滿焦慮和懷疑的人，他喜歡記帳是因為他既可以「有積極作為」，又不必做決定或冒險。假如說帳目收支平衡讓他很快樂，那是因為數字的正確性象徵性地回答了他對自己和生命的懷疑。記帳對他的功能有如玩單人紙牌或者是數算窗戶。**手段已經獨立於目的之外**；它們篡奪了目的的角色，**而所謂的目標，則只存在於想像之中**。

有一個最顯著的例子（這和史賓賽的例子有著異曲同工之妙），那就是在宗教改革之後，尤其是在喀爾文教派的影響下所發展出來的工作的意義，手段被獨立出來，讓人充滿快樂，這種快樂不是因為目的而產生，而是因為手段和目的完全分道揚鑣的快樂。

我們討論的問題觸及了當代社會的痛處之一。現代生活最顯著的心理特徵在於：作為目的的手段的活動，漸漸篡奪了目的的地位，而目的本身成了模糊而不實在的存在。人們工作是為了賺錢；他們賺錢是為了花錢享樂。工作是手段，享樂則是目的。然而真實的情況呢？人們工作，是為了賺更多的錢，他們用這些錢去賺更多的錢，而忘記了他們的最初目的（享受人生）。人們分秒必爭、發明各種

60 同前註釋所引用之著作：P. 161。

事物以爭取更多的時間，然後他們利用省下來的時間忙著節省更多的時間，直到精疲力竭，再也沒辦法利用這些省下來的時間。我們困在手段的網罟裡，再也看不見目的。我們有廣播，原本可以讓人聽到最美好的音樂和文學，可是實際上聽到的不是八卦雜誌等級的垃圾，就是侮辱智商和品味的廣告。我們擁有史上最出色的工具和手段，但卻不曾停下腳步**問一下它們是做什麼用的**。[61]

過度強調目的在許多情況下也會扭曲了手段和目的之間的平衡：其中一種情況就是人們只強調**目的**，而沒有充分考慮手段的角色。這個扭曲的結果讓目的變得抽象而且不實在，甚至成了白日夢。杜威曾詳盡討論過這種危險。目的的孤立會導致反效果：雖然目的以意識形態的形式保存下來，但實際上只是掩飾所有的偷梁換柱，強調那些原本該是作為手段的活動。這個機制的座右銘是：「為達目的，不擇手段。」這個原則的擁護者忽略了一件事：使用毀滅性的手段，結果會使目的在實際上**變質**，即使它以意識形態的形式被保存下來。

關於讓人快樂的活動的社會功能，史賓賽的概念在手段和目的的問題上有著非常重要的**社會學**意義。他認為快樂的經驗有其生物性功能，就是讓有助人類福祉的活動看來很愉快，因而變得很吸引人。同樣的，他也說：「重塑人性以符合社會生活的需求，最終會使一切有必要的活動都變得令人快樂，而使不符合這些需求的行動變得令人不悅。」[62]他接著說：「假設它符合生活的維繫，那麼就不會有任何活動不是快樂的泉源，長久以往，任何基於社會境況要求的行為舉止，最終都會產生快樂。」[63]

史賓賽在此觸及了最重要的社會機制之一：任何社會往往都會讓其成員的性格結構形塑成**喜歡做**

他們必須做的事，以履踐其社會功能。但是他沒有想到，如果社會對其成員的真實人性利益有害，那麼有害於人、但對於社會運作有幫助的行為，也可能成為一種滿足的來源。即使是奴隸，也要學會滿足於悲慘的命運，而暴君則學會以殘暴為樂。每個社會的凝聚都奠基於一個事實：幾乎沒有任何活動不能變成開心的事，這暗示著史賓賽所描述的現象既可以是社會進步的阻礙，也可以是對它的挹注。重點在於，從人性及其生活的合理條件，去理解特定行為及其所衍生出來的滿足的意義和功能。如前所述，衍生自非理性渴望的滿足，不同於衍生自有助於人類福祉的行為的滿足，而這樣的滿足不會是價值的判準。史賓賽認為，每個對社會有用的行為都可以是快樂的泉源，這個說法是對的，但是他說因此和這類行為有關的快樂都有其道德價值，則是錯誤的。唯有分析人性、揭露在其真正利益，以及社會加諸他身上的利益之間的矛盾，我們才能找到史賓賽努力要發現的客觀價值規範。他對於他的社會及其未來的樂觀看法，以及欠缺探討非理性渴望及其滿足的心理學，使得他不自覺地為當代蔚為流行的倫理相對主義鋪了路。

61 聖修伯里（A. de Saint-Exupéry）在他的《小王子》裡對於這個型態有很精采的描寫。
62 *Principles Ethics*, Vol. I, P. 138.
63 同前註釋所引用之著作：P. 186。

四、信仰作為性格特徵

信仰在於接受對靈魂的肯定；不信仰則是拒絕這些肯定。

——愛默生

信仰是和現代思潮扞格不入的概念。人們通常會把信仰和上帝以及教義聯想在一起，而和理性、科學思考形成對比。人們假設後者指涉的是事實領域，而有別於沒有科學思考、只靠信仰支配的超現實領域。對許多人而言，這個區分其實站不住腳。如果信仰和理性思考不相容，它必然被視為早期文化階段不合時宜的遺跡而棄若敝屣，而被可以理解和可驗證的、探討事實和理論的科學所取代。

在漫長地對抗教會權威及思想控制的主張以後，現代人對信仰的態度逐漸成形。對於信仰的懷疑論立場和理性的進展息息相關。然而，在現代懷疑論的建設性背後，卻有個一直被忽略的反面。

如果我們對現代人的性格結構以及當代社會場景有所認識就應該明白，現在普遍缺乏信仰的情況，已不再具有幾個世代前那種進步主義的面向。在以前，對抗信仰是為了解開精神的枷鎖而戰，是為了對抗非理性信仰；那是人對於理性的信仰的表現，相信它有能力建立以自由、平等和博愛原則為準繩的社會秩序。可是現在的缺少信仰，則是一種強烈困惑和絕望的表現。以前懷疑論和理性主義是作為思想發展的進步動力，但曾幾何時，它們成了為相對主義和不確定性擦脂抹粉的合理化行為。以前人們相信只要蒐集更多的事實，就一定會認識真理，但現在這樣的信念已變成迷信。在某些領域裡，真理被當作形上學的概念，而科學則限於蒐集資訊的工作。在所謂理性確定性的戰線之外是恆無際涯的不確定性，使得人往往會接受或屈服於任何烙印在他們心裡的哲學。

人活著可以沒有信仰嗎？嬰兒不該「對他母親的乳房有信心」嗎？我們不該對我們的同伴、所愛的人、以及我們自已有信心嗎？我們活著可以不必相信我們生活規範的有效性嗎？的確，沒有了信仰，人就變得貧乏、無望，害怕碰觸到他存有的核心。

那麼，和信仰的對抗是無意義的事嗎？理性的成就只是一場空嗎？我們應該回到宗教，或是屈從於沒有信仰的生活？信仰一定是信奉上帝或是宗教教義嗎？信仰和宗教真的如此關係密切，以至於和它休戚與共嗎？信仰必然和理性思考對立或是和它分離嗎？我將試圖證明，這些問題可能有解答，如果我們把信仰當作人的一個基本**態度**，是一個充斥在所有經驗裡的性格特徵，讓人面對現實而不抱持幻想，卻又能以信仰過活。我們很難不把信仰視為相信某種事物的內心態度，至於對象為何，則沒那麼重要。我們不妨回想一下《舊約聖經》所說的「信仰」（emunah）的用法，它的意思是「堅定」，因而指稱人類經驗的一種特質、一個性格特徵，而不是相信什麼東西的內容。

如果要理解這個問題，先從懷疑的問題下手會很有幫助。一般理解的懷疑是指對某個假定、理念或人的困惑或懷疑，但也可以用來形容充斥在人格裡的一種態度，而他所懷疑的對象則沒有那麼重要。為了理解懷疑的現象，我們必須區分**理性的和非理性**的懷疑。而關於信仰的現象，我也會暫時使用這個方式來區分。

非理性的懷疑不是對不恰當或顯然有誤的假設做出理智的回應，而表現為在情緒和知性上影響個人生活的那種程度。對他而言，生活任何層面的經驗都不具確定性，任何事物都很可疑，沒有任何東西是確定的。

非理性的懷疑最極端的形式是精神官能症的強迫性懷疑。有此症狀的病患會有強迫症的衝動，懷疑他所思考的一切，或對任何舉止都感到困惑。這些懷疑往往指向生活中最重要的問題和決定，所以它經常干預微不足道的決定，例如要穿哪一套西裝，或者要不要參加派對。不管懷疑的對象為何，無論事情重要或細瑣，非理性懷疑總讓人苦惱而疲憊。

對於強迫性懷疑的精神分析研究結果指出，這些懷疑都是潛意識情緒衝突的合理化表現，肇因於整體人格缺乏統合，以及強烈的無力感和無助感。唯有明白懷疑的根源，人才能克服出於無力感的內在經驗所導致的意志麻痺。如果沒有這樣的認知，人就會找一個替代性的解答，雖不盡如人意，至少可以擺脫痛苦的明顯疑慮。其中一種替代性解答就是強迫性行為，藉此得到暫時的喘息。另一個解答則是接受某個「信仰」，人可以把自己及他的種種懷疑都深埋其中。

然而當代典型的懷疑，並不是上述那種主動形式，而是一種**漠不關心**的態度，覺得**一切都是可能**

的，沒有任何東西是確定的。越來越多的人對一切感到困惑，包括工作、政治和道德，更糟的是，他們覺得這種困惑是很正常的心境。他們覺得孤立、迷惘又無力，他們不是以自己的思考、情緒和感官知覺去體會生命，而是根據他們覺得應該有的經驗。雖然這些機械化的人，心裡不再產生主動的懷疑，但取而代之的是漠不關心和相對主義。

相對於非理性的懷疑，**理性的懷疑**則會質疑某些以權威（而非自身經驗）為其有效性基礎的假設，這種懷疑在人格發展上有很重要的功能。孩子最初會基於父母親不容置疑的權威而接受某些觀念，但在擺脫權威、發展自我的過程中，會變得很有批判性。成長過程中，孩子開始懷疑他以前毫不遲疑接受的說法，而隨著批判能力的增長，他也漸漸從父母親的權威獨立出來，變成一個成人。

在歷史上，理性的懷疑是近代思想的主要源流，近代哲學及科學都藉以得到成果最豐碩的動力。正如個人的發展，理性懷疑的崛起也和逐漸從教會及國家權威中解放出來有關。

關於**信仰**的問題，我也會採用和探討懷疑的問題時一樣的區分法則：非理性和理性的信仰。我所謂的非理性信仰，是指相信一個人、觀念或象徵並非出於自身思想或感覺，而是基於在情感上對非理性權威的服從。

在繼續討論以前，我們必須進一步探討服從與知性及情感作用之間的關係。有大量證據顯示，放棄內心的獨立性以服從權威者，往往會以權威者的經驗取代其自身的經驗。催眠是讓人印象最深刻的例子：人會服從另一個人的權威，而且往往在催眠狀態下，會聽從催眠師所「暗示」的思考和感覺的方式去思考和感覺。即使從催眠狀態醒來，還是會服從催眠師的暗示，雖然他認為所遵循的是自己的判斷和動機。例如當催眠師暗示說，被催眠者在一段時間後會覺得冷，應該披上外套，被催眠者便會在催眠狀態下產生被暗示的感覺並且跟著做，與此同時卻相信他的感覺和行為是基於現實情況，出於他自身的信念和意志。

在說明服從權威和思考過程的相互關係時，催眠狀態是最不容置疑的實驗，也比許多較平常的情況能夠說明這個機制。人對於具有強烈暗示力量的領袖所產生的反應，就是半催眠狀態下的例子。同樣的，聽眾無條件地接受說話者的想法，並不是因為他們基於自身思考及批判性判斷而形成的信念，而是因為他們在情感上服從說話者。在這個情況下，人有個錯覺，以為他們自己同意、在理性上贊成說話者所暗示的想法。他們覺得接受他是因為同意他的想法。其實順序剛好相反：他們接受他的想法，是因為他們在半催眠的狀態下服從其權威。希特勒曾談到宣傳會議最好於夜間舉行，當時他便對這一點有極佳的描述。他說：「具有專橫的使徒性格的優秀演說家，現在（夜裡）更能贏得人心，因為相較於仍然能控制其精力和意志力的人而言，此時人的抵抗力已經很自然地減弱許多。」[64]

對於非理性的信仰而言，「正因為荒謬，所以我才相信」（Credo quia absurdum est）[65]在心理學上完全有效。如果有人說了一段在理性上站得住腳的話，那麼他只是做了每個人原則上都做得到的事。但是，如果他敢說出對理性而言顯得很荒謬的話，那麼他是在證明他超越了常識的能力，擁有超凡入聖的神奇力量。

在關於非理性信仰汗牛充棟的歷史例證當中，《舊約聖經》裡猶太人脫離埃及人枷鎖的故事，是對於信仰問題最著名的註腳。整個故事裡，猶太人被形容成雖飽受奴役之苦卻害怕反叛、不願失去身為奴隸的安全感。他們只聽得懂權力的語言，雖然很害怕，卻得卑躬屈膝。耶和華要摩西做祂的代表，但是摩西不願意，說猶太人不會相信一個不知名的神。耶和華雖然不想顯露祂的名，但為了滿足猶太人對確定性的渴望，還是照著做了。然後，摩西說一個名字還是不足以讓猶太人信神，於是耶和華再次讓步，祂教摩西行神蹟，「如此好叫他們信耶和華。他們祖宗的上帝，就是亞伯拉罕的神，以撒的神，雅各的神，是向你顯現了。」（《舊約．出埃及記》4:5）這些話，卻遭致了明顯的反譏。如果說，猶太人擁有耶和華希望他們所具備的信仰，那也是植基於他們自身經驗或民族歷史的信仰，但是他們成了奴隸，他們的信仰是奴隸的信仰，臣服於以巫術證明力量的權勢之下；只有另一種巫術才能令他們動容，那和埃及人的巫術沒什麼兩樣，只是威力更強大而已。

非理性信仰在當代最極端的現象是對獨裁領袖的信仰，該信仰的擁護者指出，有數百萬人願意為這個信仰而死，以證明它的真實性。如果信仰是指盲目附和一個人或主張，只因人們願意為它犧牲生命，那麼先知對於正義和愛的信仰，基本上和他們的對手對權力的信仰是同樣的現象，所不同者只是

---

64 Adolf Hitler, *Mein Kampf* (New York: Reynal & Hitchcock, Inc., 1939); P. 710.

65 德土良（Tertullian）的名言，不過有些曲解。

在於它的**對象**而已。擁護自由者的信仰以及壓迫自由者的信仰，差別只是對象不同而已。

非理性的信仰是對於某人或某事物的狂熱信念，出於對個人或非個人的非理性權威的服從。相對的，理性的信仰則是一種以有創造性的知性和情感活動為基礎的堅定信念。在原本沒有信仰容身之處的理性思考裡，對理性本身的信仰卻是個重要元素。例如說，科學家如何獲得新發明？他是從不斷地實驗開始，不斷蒐集事實，卻從不期待發現什麼嗎？幾乎沒有任何領域的重要發明是這麼來的，也沒有人僅憑著追逐空想而得到重要的結論。人類各種活動領域裡創意思考的過程，往往是從所謂「理性的想像」開始的，而它本身即是為數可觀的研究、反省思考和觀察的結果。當科學家蒐集了足夠資料或是想出數學公式，或者兩者皆具，讓他原本的想像得以言之成理，那麼他就可以得到一個初步的假說。對該假說的謹慎分析以辨識其蘊含，並累積支持它的資料，從而得到更確切的假說，甚或把它納入大範圍的理論之中。

科學史上充斥著許多對理性的信仰，以及對真理加以想像的例子。例如哥白尼（Copernicus）、克卜勒（Kepler）、伽利略（Galileo）和牛頓（Newton），都滿懷著對理性不可動搖的信仰。布魯諾（Bruno）甚至為此被燒死，而斯賓諾莎則遭到教會的絕罰（excommunication）。任一個理性想像的觀念邁向理論形成的步驟中，**信仰**都是必要的；相信他的想像是對理性而言有效的追求目標，相信假說是可能且合理的命題，相信最終的理論，至少直到對於它的有效性有了一般共識。這個信仰是基於自身經驗、對自己思考、觀察和判斷的信心。非理性的信仰僅僅是**因為**權威或大多數人這麼說，就接受了某個東西，而理性的信仰則奠基於自身創造性的觀察和獨立思考的信念。

理性的信仰不僅顯現在思考和判斷的經驗領域而已。在人際關係的層次上，信仰也是任何重要的友情或愛的必要性質。對另一個人「有信心」，意思是確定他的基本態度、他的人格核心是可靠不會變的。我不是說一個人不會改變他的意見，而是說他的基本動機不會變，例如，他的能力或是對人性尊嚴的尊重是他自我的一部分，那是不會輕易改變的。

在同樣的意義下，我們也對自己抱持信心。我們意識到自我或人格核心的存在是不會變動的，在我們人生中一直持續存在，即便周遭環境已然滄海桑田，使得某些意見和感覺不復以往。這個核心正是「我」這個字背後的現實，我們對自我認同的信心就奠基於這個核心。除非我們對自我的持存具有信心，否則自我認同就會岌岌可危，而我們也會漸漸依賴他人，將他人的讚賞當作自我認同的基礎。唯有相信自己的人才能對別人有信心，因為只有它自己才知道未來的他會和現在的他一樣，他的行為和感覺也會和他所期待的一致。唯有相信自己，我們才有能力給予承諾，誠如尼采所說的，人可以透過他的承諾能力去定義自己，那是人類存在的條件之一。

對於一個人的信心還有另一層意思，指的是相信他人、我們自己，以及整個人類的種種潛能。這個信心最初期的存在形式就是母親對新生寶寶的信心，母親相信寶寶會活下去、會長大、走路和說話。然而，孩子在這方面的發展有其規律性，這樣的期待似乎不需要什麼信心。差別只在於孩子可能沒辦法發展的若干潛能：孩子愛別人、快樂、理性思考的能力，以及諸如藝術家天賦之類較特殊的潛能。不過，這些種子只要有適當的發展條件就會嶄露頭角，否則就可能被扼殺。其中最重要的條件，就是那些在孩子生命中很重要的人，要對這些潛能保持信心，這種信心的存在與否，正是教育和控制的差異所在。教育等於幫助孩子實現潛能[66]，至於控制則是教育的反面，控制是因為對孩子潛能的成長缺乏信心，以為唯有灌輸孩子成人想要的東西，斬除看來不好的東西，孩子才會步上正軌。我們對機器人不必有信心，因為它反正也沒有生命。

在對於**整體人類**的信心中，對他人的信心達到了極致。在西方世界，這個信心以宗教形式表現在猶太教和基督教教義之中，以世俗語言來說，它表現在過去一百五十年來進步主義的政治和社會觀念上。就像母親對孩子自然而然的信心一樣，那是因為人們認為只要有適當的條件，人類的潛能就有辦法建立一個以平等、正義和愛的原則為準繩的社會秩序。人一直沒有建立這樣的秩序，所以需要信仰，相信自己一定做得到。但就像所有理性的信仰一樣，這並非一廂情願的想法，而是基於人類過去種種成就的證據，以及每個人的內心經驗——他自己對於理性和愛的體會。

非理性的信仰是基於服從一股讓人覺得無比強大、全知全能的力量，基於願意放棄自己的力量和優勢，而理性的信仰則是基於正好相反的經驗。我們之所以相信一個想法，是因為它是觀察和思考的結果。我們相信別人、自己以及整個人類的潛能，因為體驗過我們自己潛能的發展、我們本身成長的事實，以及我們的理性和愛的力量的優勢。**理性信仰的基礎在於創造性**；憑藉著信仰而生活，意謂著活得有創造性，而且只有一個確定性真正存在：它來自創造性的活動，而我們每個人也都感覺到自己是這些創造性活動的主體。由此可以推論，信仰權力（在統治意義下）和權力的行使，正與信仰背道而馳。相信既存權力，就等於不相信尚未實現的潛能的成長，只以眼前的現在為基礎而預測未來，結果將證明那是嚴重的誤判，極不理性地對於人的潛能和成長視而不見。對於權力，不會有理性的信仰，只有服從的問題，而那些擁有權力的人也只會想到擁有它而已。對許多人來說，權力似乎是最真實的東西，人類歷史卻證明那是所有人類成就當中最不可靠的。由於信仰和權力互不相容，所有原本奠基於理性信仰的宗教或政治體系如果憑恃著權力、甚或向它靠攏，終究會墮落而失去它原本擁有的優勢。

這裡還要約略提一下關於信仰的一個錯誤觀念。人經常以為信仰是被動等待希望的實現，其實這是非理性信仰的特徵，根據我們剛才所討論的，在理性信仰中絕非如此。由於理性信仰是基於自身創造性的經驗，它不可能是被動的，而必定是真正內心活動的表現。有個古老的猶太人傳說生動地描述了這個思想：當摩西投杖到紅海（蘆葦海）裡時，大海並沒有如他預期的神蹟那般為猶太人分開而成了乾地。直到第一個人投身海裡，應許的神蹟才成真，潮水才真的退去。

---

66 教育（education）的拉丁文字根是「e-ducere」，字面上的意思是「引出來」、「培養」，使潛在存在的東西顯現出來。在這個意義下，教育會導致「存在」（existence），字面上的意思是「站出來」，從潛能的狀態浮現到外顯的現實狀態。

在本文一開始，我區分了作為一種態度的信仰，一種性格特徵，以及對某些觀念或人的信仰。到目前為止，我們只討論了前者，現在問題來了，在作為性格特徵的信仰和人所相信的對象之間是否有任何關聯？根據我們對理性信仰和非理性信仰的分析，我們可以推論出這種關聯是存在的。由於理性信仰以自身經驗為基礎，因此任何**超越**人類經驗的東西都不會是它的對象。其次，如果一個人相信愛、理性和正義，不是基於自身經驗，而是別人叫他相信的，那麼我們也不能說那是理性的信仰。對於宗教信仰而言，以上兩種情況都有可能。那些沒有附和教會權勢的教派，以及強調人愛的能力以及和上帝肖似性的密契主義（mystical）思潮，都已經維護並培養了人對其宗教教義的理性信仰。在宗教上能成立的原則，也能用於世俗信仰，尤其是對政治和社會觀念的信仰。一旦自由和民主的觀念不是基於個人創造性的經驗，而是政黨或國家強迫他要相信的，那麼這些觀念很快就會墮落成非理性的信仰。相較於密契主義者對上帝的信仰以及無神論者對人類的理性信仰之間的差別，密契主義的信仰和喀爾文教派的信仰間的差別還要大得多，後者的信仰是基於相信自己無能，並且畏懼上帝的大能。

人活著不能沒有信仰。我們這一代以及後代的關鍵問題在於：這個信仰究竟會成為對領袖、機械、成功的非理性信仰，或者是基於我們自身創造性活動所產生的理性信仰。

五、人的道德力量

世界驚奇何其多，最可驚奇者莫過於人。

——索福克里斯《安蒂岡妮》

（一）人類性善或性惡

人本主義倫理學主張說，人知道什麼是善，並據此發揮其自然潛能和理性的優勢。可是如果人性本惡的教條為真，那麼該主張就會站不住腳。反對人本主義倫理學的人則認為，人性天生仇視同伴，他們會羨慕和妒忌，也會偷懶，除非以恐懼約束他。許多人本主義倫理學的代表則回應說人性本善，毀滅性並非天性的一部分。

的確，這兩個衝突觀點的論戰是西方思想的基本主題。對蘇格拉底而言，惡來自於無知，而非自然習性。相反的，《舊約聖經》則告訴我們，人的歷史從一個罪開始，「人從小就心裡懷著惡念」

（《創世記》8：21）。中世紀早期，兩派的論戰圍繞在如何詮釋《聖經》裡亞當墮落的這個神話議題。奧古斯丁認為，人性自從墮落以後就腐敗了，每一代出生都背負著遠祖的過犯所造成的詛咒，唯有由教會及其聖體聖事傳遞的上帝恩寵才能拯救人類。皮拉吉烏斯（Pelagius）是奧古斯丁的死敵，他認為亞當的罪純粹是個人的，只及於他自身，因此每個人生來都具備和墮落前的亞當一樣的純潔力量，罪只是誘惑和壞榜樣的結果。奧古斯丁贏得了論戰，這個勝利影響了——也蒙蔽了數個世紀的人類心靈。

中世紀後期，我們看到了對人的尊嚴、力量和性善的信念逐漸抬頭。文藝復興的思想家和如聖多瑪士（Thomas Aquinas）等其他十三世紀的神學家一樣，都表達了這個信念，雖然他們對人的看法在許多重要論點上大異其趣，雖然聖多瑪士從來沒有重提皮拉吉烏斯的激進「異端」。而人性本惡的反命題則以路德和喀爾文教義為代表，也因而重新喚起了奧古斯丁的看法。他們雖然主張人的屬靈自由，以及擁有不必經由聖職人員的中介而直接面對上帝的權利（和義務），卻也譴責人類天生的惡以及軟弱無力。他們認為，人的救贖的最大障礙在於他的驕傲，唯有罪惡感、悔改和無條件的服從上帝、相信上帝的仁慈，才能克服驕傲。

這兩股線在近代思想的結構裡一直糾纏不清。啟蒙運動哲學家、進步主義者、十九世紀的自由主義思想，甚至是最激進的尼采，都倡言人的尊嚴和力量。至於人的卑微和虛無，則在威權主義體系裡找到完全世俗化的新說法，國家和「社會」成了最高統治者，而認識到自身的微不足道的個人，則只能透過服從和卑躬屈膝來實現自己。這兩個觀念雖然在民主和威權主義的哲學中涇渭分明，但是在我們文化的思考和感受裡，那些沒那麼極端的發展形式往往被混為一談。現在，我們同時是奧古斯丁和皮拉吉烏斯、路德和皮科（Pico della Miradola, 1463-1494）、霍布斯（Thomas Hobbes）和傑佛遜（Thomas Jefferson）的信徒，我們在意識層次上相信人的力量和尊嚴，卻在潛意識裡相信人的軟弱無力和劣根性，尤其是我們自己，並且以「人性論」解釋它。[67]

佛洛伊德的著作則從心理學的角度去探討這兩種觀點。佛洛伊德在許多方面都是啟蒙運動思想的典型代表人物，他相信人的理性，相信人有權利對抗社會習俗和文化壓力，維持他的自然需求。然而，他也認為人天生好逸惡勞、放縱自己，必須強迫他做些對社會有用的事。[68]佛洛伊德的「死亡本能」理論是關於人天生的毀滅性最極端的說法。第一次世界大戰以後，他震懾於毀滅性激情的力量，因而修正舊有的理論，原本他認為人有兩種本能，性愛和自我保存，現在他則把支配性的地位讓給了非理性的毀滅性。他假設人是兩種旗鼓相當的力量短兵相接的戰場：生存的驅力和死亡的驅力。他認為那是所有生物都具備的生物性力量，包括人在內。如果死亡驅力轉向外在的對象，它就會顯現為毀滅的驅力，如果它一直留在生物內部，就會指向自我毀滅。

---

67 尼布爾（R. Niebuhr）為當代新正統神學家，重申了路德的立場，卻弔詭地把它和進步主義政治哲學結合起來。

68 佛洛伊德的態度的兩個對立面可見於佛氏的著作*The Future of an Illusion*。

佛洛伊德的理論是二元論。他不認為人非善即惡，而認為人有兩股勢均力敵的矛盾力量在驅動。許多宗教和哲學體系都有相同的二元論觀點，包括生與死、愛與衝突、白天與黑夜、黑和白、阿木茲（Ormuzd）和阿里曼（Ahriman）[69]，都是這種兩極性的象徵性表述。有些二元論對研究人性的學者的確很有吸引力，它既保留了人性本善的觀念，也能解釋人類巨大的毀滅性能力，只有一廂情願的膚淺思考者才會對它視而不見。然而，二元論立場只是個起點，還是沒辦法回答我們的心理學和倫理學的問題。我們要把二元論理解為生存驅力和毀滅驅力是人類兩個旗鼓相當的天生能力嗎？在這個情況下，人本主義倫理學會遇到一個問題：如果沒有懲罰以及威權主義的命令，我們如何約束人性裡的毀滅性傾向？

或者說，我們能夠找到更迎合人本主義倫理學原則的答案嗎？我們可以從另一個意義去理解生存渴望和毀滅渴望之間的對立衝突嗎？回答這些問題的能力，取決於我們是否能夠看清楚仇恨和毀滅性的本質。但是進入這個討論之前，我們必須了解倫理學的問題有多麼倚賴這個答案。

生與死之間的抉擇的確是倫理學的基本選擇。那是創造性和毀滅性之間的選擇，能力和無能之間的選擇，美德和惡習之間的選擇。對於人本主義倫理學而言，所有惡的渴望都是和生命相悖的，所有的善都有助於生命的保存和開展。

我們探討毀滅性的問題的第一個步驟，就是先區分兩種憎恨：理性、「反應性」的憎恨，以及非理性、「由性格決定」的憎恨。**反應性、理性的憎恨**，是一個人在自己或他人自由、生命或理念受到威脅時的反應，前提是對生命的尊重。理性的憎恨是很重要的生物性功能，這樣的感情相當於保護生命的行動，是一種因應致命威脅而產生的反應，一旦威脅解除，它也隨之消失；**它不是站在對生命的追求的對立面，兩者是相輔相成的**。

由性格決定的憎恨在性質上迥然不同。它是一種性格特徵，是隨時產生恨意的意象，經常蘊藏在滿懷敵意的人內心，而不是為了回應外在刺激。激起反應性憎恨的現實威脅，同樣可以引來非理性的憎恨，但那往往是無謂的憎恨，藉一切機會來發洩，並合理化為理性的憎恨。心懷憎恨的人似乎會產生鬆一口氣的感覺，彷彿很高興讓這些縈繞不去的敵意找到發洩的機會。我們幾乎可以看到他臉上因仇恨得到滿足而露出快樂的表情。

倫理學主要是探討非理性憎恨、毀滅或殘害生命的強烈欲望的問題。非理性的憎恨植基於一個人的性格，它的對象反而沒那麼重要。它既針對別人也針對自己，雖然我們所察覺到的憎恨他人往往多過於憎恨自己。對自己的憎恨往往會合理化為犧牲、無私、苦行或自我究責和自卑感。

反應性的憎恨的頻率比表面看來要大得多，因為人們經常會以憎恨回應對他人格完整和自由的威脅，這樣的威脅不會很明顯地顯露出來，而是微妙地作用著，甚至偽裝成愛和保護。但是即便如此，

---

69 譯註：阿木茲（Ormuzd）為古代伊朗宗教的造物神、善神和光明神；阿里曼（Ahriman）則是主司疾病和死亡的惡神，和阿木茲是死敵。

憎恨的性格仍是個重要的現象，這使得將愛和恨視為兩個基本力量的二元論似乎很符合事實。可是，我們因此就必須承認二元論是正確的嗎？為了回答這個問題，我們必須進一步探討這個二元論的本質。善和惡的力量是相當的嗎？它們都是人的原始配備嗎？或者，它們之間可能有另一種關係嗎？

佛洛伊德認為，毀滅性是人類的天性，差別主要在於毀滅的對象是他人或自己。由此可以推論，對自己的毀滅性與對他人的毀滅性將成正比。然而這個假設違反了一個事實：人的整體毀滅性程度各自不同，不管是對自己或對別人。我們不可能發現對別人存有強大敵意的人，對自己卻鮮有破壞性，相反的，我們看到對自己的憎恨與對他人的憎恨有連帶關係。我們更發現，人的毀滅生命的驅力和增長生命的驅力是成反比的；前者越強，後者就越弱，反之亦然。這個事實提供我們一個線索以理解毀滅生命的能量；毀滅性的程度似乎和個人能力的開展所受到阻礙的程度成正比。我不是指個別的欲望遭遇偶發的挫折，而是指人的感官、情緒、身體和知性能力的自然表現的閉塞，是指他的創造性潛能受到阻撓。如果生命的發展趨勢受挫，阻塞的能量會經歷一連串變化，蛻變成毀滅生命的能量。**毀滅性是生活槁木死灰的結果**。原本能增長生命的能量受到阻塞的個人和社會條件會因此產生毀滅性，繼而成為萬惡之源。

如果創造性能量受阻必然會產生毀滅性，那麼它似乎真的可以稱為人性中的潛能。我們因此可以說，善與惡都是人的內心旗鼓相當的潛能嗎？為了回答這個問題，我們必須先探究潛能的意義。我們說「潛在地」存在著某個東西，不只是說它未來會存在，更是說這個未來的存在已經在現在準備好了。這種現在與未來之間的發展關係，可說是「未來幾乎已存在於現在」。這是否表示如果現在的階段存在，下一個階段就**必然**會出現？顯然不是。如果我們說，種子裡有樹木的潛能存在，並不意謂著每顆種子都會長成大樹。一個潛能（potentiality）的實現（actualization）取決於若干條件，以種子為例，那會是適當的土壤、水分和陽光。事實上，潛能不會有任何意義，除非它和其實現所需的特定條件互相結合。所謂「種子裡有樹木的潛能存在」，更精確地說，其實是指：**如果**種子擁有成長所需的特定條件，它就會長成大樹。如果少了這些適當的條件，比方說土壤太潮溼，因而不利於種子生長，那麼種子就會腐爛而不會長成大樹。如果動物沒東西吃，牠就會死掉，而不會實現其成長的潛能。因此我們可以說，種子或動物有兩種潛能，各自導致其後發展階段的結果：其一是**主要的潛能**，如果有適當的條件，它就會實現；其二是**次要的潛能**，如果條件和生存的需求相反，它也會實現。主要潛能和次要潛能都是生物的本性，而次要潛能的顯露和主要潛能有著相同的必然性。「主要」、「次要」的意思是，在正常條件下會發展「主要的」潛能，而「次要的」潛能則只會在不正常、致病的條件下出現。

我們假設毀滅性是人類的次要潛能，只有在主要潛能無法實現時才會顯現，如果這個假設正確，我們也只是回答了對人本主義倫理學的其中一個反駁而已。我們證明了人不必然是性惡，唯有缺少了成長和發展的適當條件，他才會變壞。惡本身不會獨立存在，它是善的闕如，是無法實現生命的結果。

此外，我們還必須處理對於人本主義倫理學的第二個反駁：發展良善行為的適當條件中必須包含獎懲，因為人的本身並無有任何發展其力量的誘因。我在下文會試圖證明正常的個人擁有發展、成長和發揮創造性的傾向，而這個傾向的癱瘓，本身就是心理疾病的症狀。心理健康和身體健康一樣，並非來自外在壓力的目標，而是出於個體內心動機的要求，如果要壓抑它，則必須有很強大的環境阻力。[70]

假設人類天生就有成長和統整（integration）的驅力，並不暗示它是追求完美的抽象驅力，如同人所特別具備的稟賦，它只是從人性推論出來的假定並基於以下原則：**行動的力量會創造出使用該力量的需求，而如果沒有辦法使用該力量，則會導致功能障礙和不幸福**。從人的生理功能可以清楚看到這個原則的有效性。人有行走和運動的力量，如果他被迫無法使用該力量，就會導致嚴重的身體不適和疾病。女性有生育和撫養子女的力量，如果這個力量廢棄不用，如果一個婦女沒有當媽媽，如果她沒有花費精力在生育和愛護孩子上面，就會有挫折感；她唯有在人生的其他領域裡加強實現她的力量，才能彌補她的缺憾。佛洛伊德也提到另一種因精力的無法消耗而造成的痛苦，也就是性的精力，他發現性精力的阻礙可能是精神官能症的病因。雖說佛洛伊德高估了性滿足的重要性，他的理論卻以**象徵的方式**表現了一個事實：人沒辦法使用和花費他所擁有的東西，正是疾病和不幸福的原因。無論在身體或心理的能力方面，這個原理的有效性都昭然若揭。說話和思考是人天生的能力，如果這些力量遭到阻礙，人就會嚴重受損。人有愛的力量，如果他不能使用這個力量，如果他沒有能力去愛，他會為這個不幸感到痛苦，即使他以各種合理化理由去忽略這個痛苦，或以文化模式逃避這個由於挫敗而造成的痛苦。

一個人因無法使用自己的力量而導致不幸的現象，在人類存在的境況裡可以找到原因。人的存在特徵是我在前一章討論過的存在的兩難，如果他既想在世界裡隨波逐流、又想做自己，既和別人建立關係、又保持自己獨一無二的個體完整性，除了創造性地使用力量以外，別無他途。如果他做不到，就無法獲致內心的和諧，他會舉棋不定，感到被撕裂，最後會逃避自己的無力感、厭煩和無能——這些都是導致挫敗的必然結果。人活著就不得不希望繼續活下去，而他要活得好唯一的方法，就是發揮他的力量，運用他所擁有的東西。

精神官能症或許最能清楚說明人因為生活缺乏創造性和統整性而導致的現象。每個精神官能症都是人的天生能力和阻礙這些能力發展的力量之間產生的衝突所致。精神官能症的症狀，就像身體疾病的症狀一樣，都是人格的健康部分和阻礙其發展的致病因素的對抗。

然而，缺乏統整性和創造性**不一定會**導致精神官能症。如果真的是如此，我們就必須把大部分的人都當成精神官能症患者了。那麼，造成精神官能症結果的特定條件是什麼？我可以略述其中若干條件：例如，有一個孩子身體狀況遠比別人衰弱，因此他的焦慮和他的基本人性欲望之間的衝突也更痛

---

70 哥史坦（K. Goldstein）、蘇利文和霍爾夫（K, Hornev）等人都極為強調此論點。

苦難當；或者有的孩子已經產生高於一般人的自由和創造意識，於是可能更難承受挫敗。

但是，我不想列舉造成精神官能症的其他條件，我寧可反過來問：那麼多人的生活缺乏統整性和創造性，卻沒有因此得到精神官能症，是什麼條件造成這個情況的？於此我們先區分兩個概念，或許會有些幫助：缺陷（defect）的概念和精神官能症（neurosis）的概念。[71]如果一個人不夠成熟，沒有自發性，也沒有真正的自我經驗，我們或許會認為他有嚴重的缺陷——如果我們假定自由和自發性是每個人都應該達到的客觀目標。如果一個社會裡大多數人都無法獲致這樣的目標，那麼我們要探討的就是**社會模式的缺陷**。個人和許多人同樣處於這一現象，他不會覺得那是什麼缺陷，也不會因與眾不同或被遺棄，而使得安全感受到威脅。雖然他的生活不豐富、也沒有真正的幸福感，但是他會藉由跟他人（他所認識的其他人）和光同塵而產生安全感，從而得到補償。事實上，他的文化甚至會把他的缺陷褒揚成美德，讓他有種不可一世的成就感。喀爾文教派的教義讓人內心產生的罪惡感和焦慮即為一例。我們可以說，沉溺在無力感和自卑感、不時懷疑自己會得救或遭到永罰的人，很難有任何真正的愉悅，而自成為它工作的機器上的一個齒輪，這樣的人的確有很嚴重的缺陷。然而這個缺陷正是一種文化模式；人反而極力推崇它，個人因而免於罹患精神官能症，但如果在另一個文化裡，這樣的缺陷會讓他深感遺憾和孤立，那麼他就很有可能罹病。

斯賓諾莎對於社會模式的缺陷有著清楚的闡述。他說：「為同一的情感所牢固糾纏著的人也不少。我們常常看見有時許多人為一物所激動，甚至於即使那物不在面前，也確信其在面前。假使一個人並不是在夢寐中而發生這類事，我們便說他是發瘋或癲狂了。……但如果一個貪婪的人只想到金錢與財物，一個野心勃勃的人只追求名聲，人們通常不會覺得他們瘋了，只會覺得他們惹人厭，一般也對他們抱持鄙視態度。但真正講來，貪婪、虛榮心、淫欲等雖沒有被認作病症，事實上都是瘋狂之一種。」[72]這段話寫於數百年前，至今仍然良有以也。顯然缺陷已經成了一種文化模式，使得人們不認為它是什麼可鄙或惱人的事。現在我們看到一個人的舉止和感覺就像個機器人一樣，我們發現他的經驗從來都不是真正屬於他自己的，他的自我經驗完全是他心裡所想的那樣；微笑取代了大笑，無意義的閒聊取代了溝通的談話，了無生氣的絕望取代了真正的悲傷。關於這樣的人，可能有兩種說法。其一是說他的自發性和個體性有似乎不可救藥的缺陷。我們也可以說，基本上他和千千萬萬個處境相同的人沒什麼兩樣。對他們大多數人而言，文化模式造成的缺陷反而使他們免於精神官能症的爆發。而對部分的人來說，文化模式並沒什麼作用，因此缺陷看起來就多少有點像是精神官能症。在這些情況下，文化模式其實不足以防止明顯的精神官能症的爆發，原因是若非病態的力量比較強，就是健康的力量比較強，因而產生了衝突，雖然文化模式會容許它們默不作聲。

---

71 以下關於精神官能症和缺陷的討論，部分出自我的著作："Individual and Social Origins of Neurosis", *American Sociological Review*, IX, No. 4 (August, 1944)。

72 *Ethics*, IV, Prop. 44, Schol.

沒有任何情境比精神分析的治療更適合觀察追求健全生活的強度和持久力了。的確，精神分析師也會遭遇到阻礙自我實現和幸福的力量，但當他見識到那些斲喪創造性的條件（尤其是在童年）有多麼強大時，總會震懾於以下事實：大部分的個案如果不是受到追求心理健康和幸福衝動的驅使，他們早就放棄對抗了；這個衝動正是治療精神官能症的必要條件。精神分析的過程在於更清楚地認識到人的感覺和想法的解離部分，但是知性的理解並不是改變狀況的充分條件，這類的理解會讓人認識到他困在什麼樣的死胡同，理解為什麼他試圖解決問題卻註定鎩羽而歸；但那只是為他所渴望的健康和幸福清除障礙而已。的確，僅僅是知性的理解還不夠，具有治療效果的理解是經驗性的理解，在其中，人對自己的認識不只是知性的，更具有情感的性質。這樣的經驗性理解本身取決於人對於健康和幸福的天生渴望有多麼強烈。

心理健康和精神官能症問題，和倫理問題密不可分。我們可以說，每個精神官能症都代表著一個倫理問題。無法達成人格的成熟與整合，從人本主義倫理學的觀點來看，就是一種道德上的失敗。更具體地說，許多精神官能症都是道德問題的表現，其症狀也都來自難以解決的道德衝突。比方說，人會有找不到生物性原因的暈眩症狀。在對精神分析師的病訴裡，他偶爾會提到自己正在對付工作上的難題。有個案例是一位成功的老師，在課堂上必須教授和自己的信念相左的觀點。然而，他相信他在教學上很成功，同時維護了道德的完整，而他更以一堆複雜的合理化說詞「證明」他的想法是對的。分析師暗示說他的症狀可能和他的道德問題有關，這讓他很惱火。然而後續的分析工作證明了他的想法是錯的，他的暈眩毛病是他更好的自我、他基本的道德人格對於一種生活型態的反彈，這種生活迫使他違反他的正直，斲傷了他的自發性。

即使一個人只對別人具有毀滅性，他還是侵犯了自己心裡以及他人的生活原則。用宗教語言來說，這個原則就是所謂的神以自己的形象造人，侵犯了人，就是侵犯神。用世俗語言來說，我們怎麼對待別人，不管善或惡，就會那麼對待自己。「己所不欲，勿施於人」是最根本的倫理原則，但是我們同樣可以合理地說：**你怎麼對別人，就會那麼對自己**。侵犯任何人的生存力量，必然會反噬我們自己。我們自己的成長、幸福和優點，都是基於對這些力量的尊重，我們不可能侵犯別人的力量而不致於危害自己。對生命的尊重——無論是自己或他人的生命——都是生命歷程本身的副產品，也是心理健康的一個條件。就某種意義來說，對他人的毀滅欲望是和自殺衝動很類似的病態現象。人或許可以忽視或合理化毀滅的衝動，可是如果他的行為牴觸了維繫他自己以及別人生命的原則，作為生物的他就會不由自主地做出反應而且被它影響。我們發現有毀滅欲望的人即使如了他的願卻還是不快樂，而他的毀滅性也會侵蝕他自身的存在。反之，健康的人都會不由自主地讚賞正直、愛和勇氣的表現，也無不受到影響；因為這些正是他賴以生存的力量。

（二）潛抑相對於創造性

主張人有毀滅性而且自私自利會引申出一個概念，認為倫理行為就在於壓抑這些邪惡的渴望，而如果沒有持續的自制，人就會耽溺其中。根據這個原則，人必須成為他自己的看門狗。他首先必須承認人性本惡，其次，他必須以意志力對抗天生的邪惡性向；惡的壓抑或耽溺，便因此成了他的抉擇。

關於壓抑的性質、類型及其影響，精神分析研究提供了很豐富的資料。我們可以區分出三個部分：一、壓抑出於邪惡衝動的行為；二、壓抑對於這個衝動的覺知；三、建設性地反抗這個衝動。

在第一種壓抑裡，壓抑的不是衝動本身，而是它所導致的行為。有強烈虐待狂渴望的人是個很好的例子：讓別人痛苦或是宰制別人，都會令他滿足而快樂。假如他對於別人的指謫有所畏懼，或是他所接受的道德誡命告訴他不應憑著衝動做事，那麼他就會避免這樣的舉動，不再為所欲為。雖然不能否認這個人已經戰勝了自己，但他並沒有真正的改變；他的性格始終如一，我們敬佩的只是他的「意志力」。但是，撇開對這種行為的道德評價不談，從防範人的破壞性傾向這點來看，這樣的方式其實效果不佳。人需要藉助超乎尋常的「意志力」或是對嚴厲懲罰的畏懼，才能不再憑著衝動做事。既然每個決定都是內心和強烈的對立力量搏鬥的結果，善的力量勝出的機率就變得很不確定，從社會利益的觀點看，這種壓抑太不可靠了。

不讓這些邪惡的渴望被意識到，也就從而避免了意識層次上的誘惑，這個方法似乎有效得多。佛洛伊德把這種壓抑稱為「潛抑」。潛抑的意思是，雖然存在著衝動，但不准它進入意識的領域，或很快就移除它。在上述例子裡，有虐待狂的人因此不會意識到他有毀滅或控制的願望；不會有誘惑，也不會有掙扎。

對邪惡的渴望的潛抑，威權主義倫理學正是或明或暗地以它作為通往德性的康莊大道。不過，儘管潛抑可以防範行為於未然，但是它其實沒有它的擁護者所想得那麼有效。

衝動的潛抑是指從意識層次上移除它，並不意謂著讓它從此不再存在。佛洛伊德已經證明潛抑的衝動仍然有作用，對人仍然影響深遠，雖然人沒有意識到它。潛抑的衝動對人的影響甚至不一定比在意識層次上小，主要差別在於，那不會是明目張膽的影響，而是經過偽裝。比方說，某個有虐待狂的人並不知道他有虐待狂，他或許覺得他是出於強烈的責任感，關心怎樣對對方最好，才會想宰制他人。

但是佛洛伊德已經證明了潛抑的渴望不只會以這些合理化方式來實現。比方說，人或許會發展出和潛抑渴望正好相反的「反向作用」（reaction-formation），例如過度熱心或過度和善。然而潛抑的渴望的力量會間接地出現，此即佛洛伊德所謂「潛抑的復返」（the return of the repressed）的現象。在這個情況下，一個人的過度熱心會發展成對於他的虐待狂的反向作用，他可以利用這個「美德」，最後的結果和他外顯的虐待狂幾無二致，也就是支配和控制。雖然他覺得自己品德高尚而優越，但是對別人的影響卻更加可怕，因為人很難抗拒太多的「美德」。

對於毀滅性的衝動還有第三種反應，這和壓抑以及潛抑大相逕庭。在壓抑裡，衝動仍然有一口氣在，只是行為被禁止了；在潛抑裡，衝動本身被趕出意識層次，以（若干程度的）偽裝形式產生作用。而在這第三種反應裡，人內心的生命促進力會對抗毀滅性與邪惡的衝動。人越是清楚意識到它，就越能夠做出反應。他不只投入了意志和理性，更包括他心裡遭到毀滅性挑戰的情感力量。以一個虐待狂的人為例，他和虐待狂的對抗會發展出真正的仁慈，而成為他的性格的一部分，他再也不必當自己的看門狗，也不必一直用意志力「控制自己」。在這個反應裡，重點不在於感覺自己有多麼壞或對自己懊惱，而是人心裡的創造性力量的存在和使用。因此，創造性的善惡衝突的結果是：惡本身也成了德性的來源。

從人本主義倫理學的觀點來看，倫理的抉擇並不是惡的壓抑或耽溺。無論是潛抑或耽溺，都是人性枷鎖的兩種面向。真正的倫理抉擇不是在它們兩者之間，而是在「壓抑和耽溺」以及創造性之間。人本主義倫理學的目標不是要壓抑人的惡（那是威權精神對人的斲傷所導致的結果），而是創造性地發揮人類天生的主要潛能。德性和人所成就的創造性成正比。如果社會關心如何讓人有品德，它就必須想辦法讓人發揮創造性，創造有利於開展創造性的條件。其中最重要的條件是：所有社會和政治作為都要以每個人的發展和成長為目標，人是唯一的意圖和目的，而不是他自己以外的任何人或事物的手段。

創造性的取向是自由、德性和幸福的基礎。戒慎恐懼是德性的代價，但不是猶如植入邪惡囚徒心裡的獄吏那般的警醒，而是理性存有者的警醒，他必須認識並促成有利於他的創造性的條件，並排除那些因阻礙他的創造性而孳生的邪惡因素，一旦它們長出來了，那就只有外在或內在的力量才能阻止它外顯。

威權主義的倫理學灌輸人一個觀念，認為人要費很大的工夫，而且要不屈不撓，才能做一個好人；人必須不斷地跟自己戰鬥，而且一失足則成千古恨。這個觀點是從威權主義的前提推論得到的。如果人真的是那麼邪惡的存有者，如果只有戰勝自己才能成就德性，那麼這個使命看起來就會極為艱鉅。但是，如果德性就是創造性，那麼成就德性雖然不容易，但絕不至於是挾泰山以超北海的事。我們前文證明過，人天生擁有創造性地發揮其力量的願望，而他要做的事，則主要是排除自己心裡以及外在環境使他無法率性而為的障礙。正如變得貧乏而有毀滅傾向的人會漸漸癱瘓而陷於**惡性循環**，意識到自己的能力而能創造性地發揮出來的人，則不但在力量、信仰和幸福方面會大有斬獲，也會漸漸擺脫與自己疏離的危險，我們可以說他創造了「良性循環」。如前所述，愉悅和幸福的經驗不只是創造性生活的**結果**，它們更會**激勵**這樣的生活。惡的潛抑或許是出於自我究責和懊悔的精神，但是在人本主義倫理學裡，沒有比伴隨著任何創造性行為的愉悅和幸福的經驗來得更有助於善的養成。如果一個文化可以讓人多一點愉悅，那麼相較於懲罰的恐嚇或道德說教，更能讓人在倫理教育上達到潛移默化的效果。

（三）性格和道德判斷

道德判斷的難題往往和自由意志以及決定論（determinism）的兩難有關。有人認為，人完全被他所無法掌握的環境決定，因此說人可以自由做決定，也只是虛妄不實的幻想。從這個前提得到的結論是：我們也不能對人的行為加以論斷，因為他沒辦法自由做決定。而另一種相反的看法則是：人有自由意志的天賦，儘管受到種種心理或外在條件和環境的限制，還是可以遂行意志，因此他必須為其行為負責，而人們也可以據此論斷他。

心理學家似乎不得不為決定論背書。心理學家在研究性格的發展時發現，兒童早期的生活是處在一個對道德不感興趣的狀態，他的性格是由外在影響形塑而成的，這些影響在早期最為強烈，他既一無所知，也沒有能力改變決定其性格的環境。然而，到了他可能試圖改變生活條件的年紀，他的性格早已定型了，而他也沒有什麼誘因去探究他的生活條件，更不用說改變它們。如果我們假定人的道德特質植基於他的性格，那麼既然他沒有形塑性格的自由，我們怎麼能夠對他加以論斷呢？我們越是清楚影響性格的塑造及其動力的種種條件，會不會越不可避免地認為我們不能在道德上論斷任何人？

自由意志理論的支持者有時會提出一種折衷說法，我們或許可以藉此避免心理學的理解和道德判斷的抉擇問題。他們認為，人們有些生存環境的確會阻礙自由意志的遂行，因此排除了道德判斷的問題。比方說，現代刑法都接受這個觀點：精神失常的人不必為其行為負責。修正版自由意志理論的支持者進一步承認：精神沒有失常、但罹患精神官能症因而無法控制突如其來衝動的人，也不必為其行為接受論斷。然而他們主張，大多數人只要願意，都可以憑著意志做事，因此在道德上必須接受評斷。

但是，如果我們進一步檢驗這個說法，就會證明它其實站不住腳。我們往往會相信自己的行為舉止是自由的，誠如斯賓諾莎所說的，我們都知道自己的願望，卻不清楚它們的動機。我們的動機是性格中各種力量摻雜在一起的結果。每當我們有所抉擇，都是由各自具有支配性的善惡力量來決定的。在某些人心裡，有些力量極為強大，以至於任何知道他們的性格及其主要價值標準的人，都可以預知他們所做的決定（雖然他們誤以為自己是「自由地」做決定）。在另一些人心裡，毀滅性力量和建設性力量可謂勢均力敵，使得我們無法根據經驗預知他們的決定。如果我們說一個人原本可以有不同作為，指的應該是後者的情況。但如果說：他原本可以不要那麼做，就只是說明了我們沒有預測到他的行為。然而，他的決定證明了有一組力量強過其他力量，因此就算是在他的情況裡，其決定還是取決於性格。因此，如果當時他的性格不是那樣，他就不會那麼做。意志不是和性格無關的抽象力量，相反的，意志只是性格的表現罷了。擁有創造性的人會信任他的理性，他有能力愛別人和自己，也擁有行不踰矩的意志。至於缺乏創造性的人就沒辦法發展出這些特質，他們只是非理性激情的奴隸，也就不具備這樣的意志。

主張我們的決定取決於我們的性格，絕不是什麼宿命論。就像所有生物一樣，人也會服從於決定他的種種力量，但人是唯一擁有理性的生物，只有人才有能力認識到他所服從的力量。藉由這個認識，他可以積極參與自己的命運，加強那些渴望善的元素。人是唯一擁有良知的生物，良知是呼喚人回到自我的聲音，它讓人知道應該怎麼做才能做自己，幫助人意識到人生目標，以及成就這些目標所必需的規範。於是，我們不再是環境底下無助的犧牲者，我們的確有能力改變且影響內在或外在的力量，並且或多或少能控制那些對我們產生影響的種種條件。我們可以培養並加強那些條件，它們會發展出對善的渴望，並且實現它。然而，雖說我們擁有使我們能夠積極參與自己人生的理性和良知，不過理性及良知本身和我們的性格都是密不可分的。如果毀滅性力量和非理性的激情主宰了我們的性格，我們的理性和良知都會受到影響，而無法正常執行功能。的確，理性和良知是我們最寶貴的能力，如何發展並善用它們是我們的重要課題，但是它們不是自由而不確定的，也不是獨立於經驗性自我之外，它們是整個人格結構裡的力量，就像結構裡的每個部分一樣，既取決於整體結構，也會反過來決定該結構。

如果我們對一個人的道德判斷，是以當時他是否可以有不同決定作為基礎，那麼就沒有任何道德判斷可言了。比方說，我們怎麼知道一個人的內在生命力是否足以讓他抵抗對他的童年及成年之後產生影響的環境力量？或者，如果說另一個人少了生命力，會不會讓他屈服於同樣的那種力量？我們怎麼知道，人生中偶然的際遇（好比遇到一個和藹可親的好人），會不會影響到他的性格發展，而少了這個經驗，會不會讓他走上完全相反的路？我們的確無從得知。就算我們的道德判斷是以人可以有不同作為的前提為基礎，但是影響性格發展的體質和環境因素是如此不可勝數且錯綜複雜，使我們無法蓋棺論定地判斷一個人是否可以有不同的性格發展。我們只能假定既有環境導致了當時的發展。由此可知，如果說，我們評斷人的能力，取決於我們是否知道他當時可以有不同的行為，那麼我們對於性格的研究在道德判斷方面肯定會碰一鼻子灰。

不過這個結論其實是沒有道理的，因為它的前提是錯的，而且混淆了判斷的意義。「判斷」可以有兩個意思：判斷意謂著進行主張和預測的心智功能。同時，「判斷」也代表了一個「法官」的功能，指涉宣告無罪或有罪的判決行為。

後者的道德判斷是基於一個超越個人而且可以對他做出裁判的權威觀念，這個權威有權宣告無罪或者判刑。判決意見有絕對的權威，因為它超越個人，而且擁有個人難以望其項背的智慧和力量。即使在民主社會選舉出來的法官，理論上不會比他的同胞優秀到哪裡去，卻仍然有幾分裁判之神的古老觀念。雖然他個人不具有超人的力量，但是他的職務卻有此力量。（種種對法官表示尊重的形式，都是對於一個超人權威的尊敬的餘緒；「藐視法庭」〔contempt of court〕在心理學上和「欺君犯上」〔lèse-majesté〕很接近。）但是，很多不具備法官身分的人也扮演起法官的角色，在做道德判斷時喜歡宣告一個人有罪或無罪，他們的態度往往包含了大量的虐待狂和毀滅性。或許沒有任何現象像「道德上的義憤」包含了那麼多的毀滅性情感，它容許人在德性的偽裝下發洩羨慕和仇恨的情緒。[73]「義憤填膺」的人會鄙視別人，把他們當作「劣等生物」對待，加上他自己的優越感以及道貌岸然，因而得到一時的滿足。

人本主義的倫理價值判斷和一般性的理性判斷有著相同的邏輯性格。在做價值判斷時，我們判斷事實，不會覺得自己很神聖，也不會有優越感，或者有權定罪或寬宥。判斷出一個人有毀滅性、貪婪、嫉妒或羨慕，和醫生做出心臟或肺臟功能失常的診斷沒什麼兩樣。倘若我們要審判一個殺人犯，而且又知道他是個病態個案，也知道他所有的家族遺傳、早期和後來的環境，那麼我們很可能推論說，他完全受到他所無法控制的環境影響；事實上，比起順手牽羊的小偷，殺人犯的這種情況更為常見，也更「容易理解」。但是，這不意謂著我們不應評判他的惡行。我們可以理解他如何以及為什麼變成這個樣子，但還是可以就他的所作所為去評判他。我們甚至可以假設異地而處，我們也會變成和他一樣；這些思考雖然讓我們不致於扮演起神的角色，但也不會阻礙我們的道德判斷。對於性格的理解及判斷，和對其他人性表現的理解及判斷幾無二致。如果我必須判斷一雙鞋或一幅畫的價值，我會以該物件本身的客觀標準為根據。假設鞋子或畫作的品質很差，但有人說鞋匠或畫家已竭盡全力，只是礙於某些因素只能做到這樣，我也不會因此改變我對產品的判斷。我或許會同情或可憐鞋匠或畫家，或許會想幫助他，但我不能說因為知道他的作品**為什麼**如此拙劣，我就不能評判它。

人生的主要使命就是使自己破繭而出，發揮潛能。而人奮鬥最重要的成果，就是他自己的人格。我們可以客觀判斷一個人使命的完成度，也就是其潛能實現的程度。如果他未能達成使命，我們看得出這個失敗，並實事求是地判斷它——他的道德失敗。即使我們知道他所面對的逆境難以抵擋，任誰都會失敗，可是對他的判斷仍然不會改變。如果我們充分理解讓他變成現在這個樣子的所有環境，或許會同情他，但是這份同情不會改變判斷的有效性。了解一個人並不意謂著寬恕他，只是說我們不會像在他之上的上帝或法官一樣指控他。

73 拉努夫（A. Ranulf）的著作《道德義憤和中產階級》（*Moral Indignation and the Middle Class*）對此有精采的闡述。本書的書名也可以叫做「虐待狂和中產階級」。

六、絕對主義和相對主義的倫理學，普世性和社會內部的倫理學

我們也常常看見，有時許多人為一物所激動，甚至於即使那物不在面前，也確信其在面前。假使一個人並不是在夢寐之中，而發生這類的事，我們便說他是發瘋了或癲狂了。至於那些陷於熱戀的人，白天夜晚，只知夢想愛人或情侶，亦不能不說是瘋狂，因為他們的行為處處足以令人發笑。但那貪婪的人，除金錢或財貨外，不思其他，以及那虛榮心重的人，除榮譽外，不知其他，就其慣作於人有損之事，並足以引人怨恨而言，因不能認為瘋狂，但真正講來，貪婪，虛榮心，淫欲等雖沒有被認作病症，事實上都是瘋狂之一種。

——斯賓諾莎《倫理學》

絕對主義和相對主義倫理學的討論，由於不分青紅皂白地使用「絕對」和「相對」兩個語詞，而造成相當大卻不必要的混淆。本章試著區分它們的若干涵義，分別討論不同的意義。

所謂「絕對的」倫理學的第一層意思是說：倫理命題是不可置疑的，永遠為真，既不准許也不擔保任何修改。絕對主義倫理學的概念可見於威權主義的體系，其邏輯前提是：權威的不可置疑的優越

性以及全知的力量是有效性的判準。這個優越性的主張，本質在於權威不會有誤，它的命令和禁令永遠為真。一言以蔽之，我們可以說倫理規範如果要有效，就必須是「絕對的」。這個概念是基於有神論的（theistic）前提：「絕對的」存在等於完美的力量，相較之下，人必然是「相對的」，等於不完美。這個概念在所有其他科學領域都已經被取代掉了，一般會認為沒有絕對的真理，卻認為有客觀有效的法則和原理。如前所述，在科學或理性上有效的述句，意謂著將理性力量應用到所有觀察資料上，不會為了意欲的結果而隱瞞或偽造這些資料。整個科學史是一部充斥著不充分和不完整陳述的歷史，每個新的洞見都讓人認識到從前命題的不充分，而提供了藉以創造更充分說法的跳板。整部思想史則是不斷逼近真理的歷史。科學知識不是絕對的，而是「最佳的」（optimal）；它包含了某個歷史時期最有利的真理條件。不同的文化強調了不同的真理面向，人類在文化方面越是團結一致，這些不同的面向越會整合成一個全體性的面貌。

　　倫理規範之所以不是絕對的，還有另一層意義：它們不只會遭到所有科學陳述的修正，更有些情況是本質上不能解決的，因而無從選擇「唯一」正確的答案。史賓賽在討論相對和絕對的倫理學時，[74]提出一個例證來說明這樣的衝突。他談到一個想在大選裡投票的佃農。他知道他的地主是保守派，而如果他憑著自己的自由派信念投票，就會有被趕走的危險。史賓賽相信這個衝突是在傷害國家和傷

---

74 *Principles of Ethics*, PP. 258 ff.

害家庭之間的衝突，他最後作結：「就像無數個難以取捨的情況，沒有一個人能確定，哪一種選擇的可能錯誤最少。」[75]史賓賽似乎沒有真正道出這個情況裡的抉擇。即使其中不涉及家庭而只是危及他自身的幸福和安全，那仍然會是個道德衝突。

另一方面，它危及的不只是國家利益，也包括個人的人格完整。他所面對的是身體和（在某方面的）心理的福祉，以及人格完整之間的抉擇。不管他怎麼做都同時會有正確和錯誤的兩面，他沒辦法做出有效的選擇，因為他所面對的問題本質上就是無解的。這種倫理衝突的無解情境在遇到存在的兩難時必然會浮現，然而在這個情況裡，我們探討的不是存在人類情境裡本質性的兩難，而是可以消除的歷史兩難。佃農之所以面對無法回答的衝突，只因為社會秩序給他一個不會有圓滿解決的情境。如果社會的階級狀態改變，此一倫理的衝突就會消失。但只要這些條件存在，他所做的任何決定都會兩面為難，既是對的也是錯的，雖然基於人格完整考量所做的決定，在道德上勝過為了生計著想的決定。

「絕對主義」和「相對主義」的倫理學最後且最重要的意義，更充分說明了**普世性的**（universal）和**社會內部的**（socially immanent）倫理學的差別。我所謂「普世性」的倫理學，是指以人的成長和開展為鵠的的行為規範，而「社會內部」的倫理學，則指對於特定社會類型以及人運作和生存不可或缺的規範。普世性倫理學的例子可見於「你要愛鄰人，像愛自己一樣」或是「不可殺人」這類的訓誡。的確，對於人的發展，對於從人性及其成長的必要條件所推論出來的規範發展，什麼是不可或缺的，在這個問題上，所有偉大文化的倫理體系都有驚人的相似性。

至於我所謂「社會內部的」倫理學，指的是各種文化中所存在的那些規範，它們包含了對特定社會的運作和生存有必要的禁令和命令。任何一個社會為了生存，它的成員必須服從對特定生產模式和生活模式來說必要的規定。這一社會團體必須致力將其成員性格塑造成他會在既存環境下**願意做他該做的事**。因此，比方說，對於戰士社會而言，勇氣和進取心成了必要的美德，對於以農業合作為主的社會而言，耐心和樂於助人則會變成美德。在近代社會裡，勤勞已經升格成最重要的德性，因為近代工業體系需要工作的驅力作為它最重要的生產力。在個別社會的運作裡特別重要的特質，成了它的倫理體系的一部分。對於任何社會而言，服從它的規定，服膺它的「美德」，都是至關重要的利益，因為整個社會的生存取決於這些忠誠和服膺。

除了基於整體社會利益的規範以外，我們發現有其他倫理規範會因階級差別而有所不同。例如對下層階級強調謙虛和服從的美德，對上層階級則強調野心和積極進取的美德，就是一個很好的例證。階級結構越是固定而體制化，和不同階級有關的不同規範也就越形明顯，比方說，在封建文化裡自由人和農奴的不同規範，或是南方美國邦聯裡白人和黑人的規範。現代民主社會裡，階級差別不再是社會體制化結構的一部分，不同規範和教誨也能和平相處：例如，《新約聖經》的倫理以及有助於經商

75 同前註釋所引用之著作：P. 267。

致富的行為規範就是很好的例子。每個人都會根據社會地位和才能，一方面選擇適合他實用的規範，而另一方面持續在口頭上支持與之相反的規範。家庭與學校教育的差別（例如英國的私立寄宿中學和美國的私立學校），往往在於它們有意強調符合上流社會地位的特定價值，而不會直接否定其他價值。

任何社會的倫理體系的功能都是在於維繫社會的生存，不過這種社會內部的倫理也會為個人利益著想，既然個人無法改變社會結構，他的利益就只好和社會利益緊緊綁在一起。不過，一個社會組成的方式，也可能使得維繫其生存的規範和對其成員充分發展不可或缺的普世性規範產生齟齬。如果在一個社會裡，特權團體會支配或剝削其他成員，這種情形就會特別明顯。特權團體的利益牴觸了大多數人的利益，但是既然社會的運作是以這個階級結構為基礎，那麼只要社會的結構沒有根本上的改變，特權階級成員強加在所有人身上的規範，就成了每個人生存的必要條件。

在這樣的文化裡盛行的意識形態往往會否認有任何矛盾存在。他們首先會主張，那個社會的倫理規範對所有成員都一樣有效，他們也往往會強調，那些維繫既存社會結構的規範，都是人類存在所必需的普世性規範。比方說，禁止偷竊和禁止殺人一樣，經常是基於「人性」需求而出現的。於是，只對特定社會生存有必要的規範，被賦予了有如人類存在裡固有的普世性規範一般的尊嚴，因而放諸四海皆準。只要某種社會組織在歷史上是不可或缺的，個人就別無選擇，只能接受倫理規範的約束。但是當社會抱殘守缺，其結構違反大多數人的利益，而改變的契機已經山雨欲來時，在社會影響下的性格對於其規範的覺醒，就會成為推動改變社會秩序的重要元素。舊秩序的代表往往會把這種企圖稱為道德敗壞。他們說追求自己的幸福的人是「自私自利」，而意圖維護特權的人則是「負責任」。另一方面，他們更把服從推崇為「無私」和「奉獻」的美德。

在人類的演化歷程裡，社會內部倫理和普世性倫理之間的衝突越來越少，但是只要人們沒辦法建立一個讓「社會」利益和全體成員利益完全一致的社會，這兩種倫理衝突就會一直存在。只要人類的演化沒有達到這個階段，在歷史條件下的社會需求就會和普世性的個人生存需求扞格不入。如果一個人活到五百或一千歲，這個衝突或許不會存在，或至少會大幅縮減。屆時，他或許可以一直活下去，流淚撒種而歡喜收穫；一個歷史時期的苦難，在下一個時期會開花結果，而且也會為他結出果實，但是如果人生只有六、七十載，他或許沒辦法活著見證收穫。然而，人生來是個獨一無二的存有者，擁有一切潛能，而實現潛能正是人類的使命。研究人的科學的人，其責任不在於尋找「和諧的」答案而掩飾矛盾，而是要把它看個清楚。倫理思想家的使命是維繫且強化人類良知的聲音，認識到對於人而言什麼是好的、什麼是不好的，不管它對於特定演化階段的社會是好是壞。他或許是「在曠野呼喊」（《舊約．以賽亞書》40：3）的人，但是唯有這個聲音始終生氣蓬勃而且永不妥協，曠野才會變成肥沃的平原。只要社會真正符合人性，也就是說，照顧到所有成員充分的人性發展，社會內部的倫理和普世性的倫理之間的矛盾，就會漸漸縮小而消失。

第五章
今日的道德難題

除非哲學家成了國王，或是世界上的國王、貴族都具有哲學的精神和力量，以使政治的偉大性和智慧集於一身，而那些較為平庸的，只追求兩者之一，不顧其他的天性，都被迫退向一邊，否則城邦永遠不能免於它們的邪惡事物——不僅如此，我相信全人類都免不了——只有到這種時候，我們的國家，才有活起來、得見天日的可能性。

——柏拉圖《理想國》

是否存在著今日才有的道德難題呢？所有時代和所有人的道德難題不是應該都一樣嗎？的確是，不過每個文化也都有出自其個殊結構的特定道德難題，雖然這些特定難題只是人類的道德難題的不同面向而已。任何這類個殊的面向，都只能從基本而一般性的人的難題去理解。在本書的終章，我要強調一般性道德難題的一個層面，部分是因為它從心理學觀點來看至關重要，部分也是因為我們往往會避而不談，而誤以為已經解決這個難題：**人對力**（外在影響力）**和力量**（內在能力）**的態度**。

人對於力的態度植基於他的生存境況。作為有形質的存有者，我們受制於力量：自然的力量和人的力量。武力可以剝奪我們的自由而且殺死我們，我們能否抵抗或戰勝它，取決於我們的力氣和武器的強度等這些偶然因素。另一方面，我們的心靈並不會直接受制於力量。我們認識到的真理和我們所相信的觀念，不會因為外力而失效。武力和理性存在於不同平面，暴力從來都不能推翻真理。

這意思是說，即使人生來處處受束縛，他還是自由的嗎？這意思是說，奴隸的精神可以和他的主人一樣自由，正如聖保羅和路德所主張的嗎？如果真是如此，那的確把人類存在的難題看得太簡單了。這個立場忽略了一個事實：觀念和真理從來不曾在人之外、獨立於人而存在，人的身體會影響他的心靈，他的肉體和社會存在會影響他的心境。人有認識真理的能力、有愛的能力，可是如果他——不只是他的身體，更包括他整個人——遭到優勢力量的威脅，如果他感到無助而恐懼，他的心靈就會受到影響，其運作就會扭曲而癱瘓。力量的癱瘓作用不只奠基於它所引起的恐懼，更奠基於一個隱含的應許：擁有力量的人能保護和照顧臣服於它的「弱者」，他們能夠祛除人們的不確定性和對自己責任的負擔，維繫秩序，讓個人在這個秩序裡安身立命。

人對於這個恐懼和應許的組合的臣服，是他真正的「墮落」。他屈服於力量（即宰制），於是失去了**他自己的**力量（即潛能）。他喪失了善加利用身而為人的那些能力的力量；他的理性停止運作。他或許很聰明，或許有能力操弄事物和他自己，但是他接受了那些宰制他的人們所謂的真理，因此失去了愛的力量，因為他的情感附著在他所依賴的人身上。他喪失了道德感，他因為沒有能力質疑且批評擁有力量的人，而使得對任何人事物的道德判斷越來越遲鈍。他囿限於偏見和迷信，因為他沒辦法探究這些謬誤信念所根據的前提是否有效。他自己的聲音沒辦法喚回自己，因為他根本聽不見那聲音，而一心一意只想傾聽那控制著他的人們的聲音。的確，自由是幸福和德性的必要條件；這裡的自由不是指任意做決定的自由，也不是指掙脫必然性的自由，而是明白自己潛能為何的自由，是根據自身的存在法則實現真正人性的自由。

如果說自由——抵抗外在力量而保存人格完整的能力是道德的基本條件，那麼西方世界的人難道沒有解決他的道德難題嗎？那不是在威權專制政體底下、被剝奪個人和政治自由的人才有的難題嗎？的確，在現代民主裡得到的自由承諾了人的發展，那是在任何專制政體裡都看不到的，不管他們再怎麼宣稱代表民眾的利益。然而，那只是個承諾而已，還沒有實現。如果我們只顧著拿我們的文化和其他否定人性極致成就的生活模式做比較，我們就會對自己隱瞞了道德難題，更因而忽略了一個事實：我們對於力量太過卑躬屈膝了，不是對於獨裁者或附屬於他的政治官僚體系的力量，而是對於市場的匿名力量，成功、輿論、「常識」——甚或是委巷之談——以及把我們變成它的僕役的機器。

我們的道德難題在於人對自己的漠不關心。我們不再意識到個人的重要性和獨特性，使自己成為自身之外的目的的工具，我們把自己認知為商品，我們的力量和自己疏離了。我們變成了事物，我們的鄰人也成了事物，其結果是我們感到無力，且鄙視自己的無能。既然我們不信任自己的力量，我們也會對人類沒有信心，對自己及我們可以創造什麼東西沒信心。我們沒有人本主義的意義下的良知，因為不敢信任自己的判斷。我們是一群烏合之眾，相信我們走的路總會到達目的地，只因為我們看到其他人也在相同的路上。我們鼓起勇氣在黑暗中摸索，因為聽見別人和我們一樣在吹口哨。

杜斯妥也夫斯基曾說：「如果上帝已死，那麼所有事都是允許的。」的確，大多數人都這麼想；差別只在於有些人因此推論，為了維繫道德秩序，上帝和教會必須繼續存在，而其他人則是接受什麼事都可以為所欲為的想法，認為有效的道德原則不再存在，權變是生活唯一的規範性原則。

相對的，人本主義倫理學則主張，**只要人還活著，他會知道什麼是許可的**。而活著就是擁有創造性，不為任何超越人的目的發揮其力量，而是為了他自己，為了證明自己的存在，為了成為一個人。只要任何人相信他的理想和目標外在於他，相信它遙不可及，只在過去或未來，他就會向外馳求，尋找不可能發生的實現。他到處找尋解決之道和答案，只除了一個找得到的地方——那就是他自己。

現實主義者信誓旦旦地說，倫理學的難題已成過去。他們認為心理學或社會學的分析，證明了所有價值都只是相對於既有的文化。他們說，唯有物質效益才能保證個人和社會的未來，但這些「現實主義者」忽略了若干證據確鑿的事實。他們沒有看到個人生活的空虛和漫無目的，缺乏創造性，因而對自己和人類缺乏信心，長久下來，會導致情緒和心理的失調，甚至會讓他在物質成就上挫敗。

末日預言越來越多。雖然它們有個重要功能，就是提醒我們現在的處境有種種的危險，卻沒辦法考慮到人類在自然科學、心理學、醫學和藝術的成就裡所蘊含的承諾。的確，這些成就描繪出強大創造力的存在，與衰頹中的文化景象顯得扞格不入。現在是個過渡期。中世紀並沒有在十五世紀結束，近代世界也不是緊接著就開始，結束和開始之間蘊含著長達四百年的歷程，如果從整體歷史來看，而不是從人的一生來看，的確不算很久。但現在既是終點也是開端，蘊藏著各種可能性。

如果現在我回頭重提本書開頭的問題，我們是否有理由感到驕傲而希望無窮，答案仍然會是肯定的。但是有個條件，那是我們根據整個討論推論得到的：沒有任何好或壞的結果會自動產生或預定好。決定權在人身上，在於他是否認真對待自己，認真對待他的生活和幸福，在於他是否願意面對他自己和社會的道德難題，也在於他是否有勇氣做他自己，追尋他的自我。

自我的追尋（修訂新版）
倫理學的心理探究
MAN FOR HIMSELF

作　　者：埃里希・佛洛姆（Erich Fromm）
譯　　者：林宏濤

副 社 長：陳瀅如
責任編輯：李嘉琪（初版）、翁淑靜（二版）
校　　對：沈如瑩（二版）
封面設計：之一設計　鄭婷之
內頁排版：洪素貞
行銷企劃：陳雅雯、張詠晶

出　　版：木馬文化事業股份有限公司
發　　行：遠足文化事業股份有限公司（讀書共和國出版集團）
地　　址：231 新北市新店區民權路 108-4 號 8 樓
電　　話：(02) 2218-1417
傳　　真：(02) 2218-0727
電子信箱： service@bookrep.com.tw
郵撥帳號：19588272 木馬文化事業股份有限公司
客服專線：0800221029
法律顧問：華洋法律事務所 蘇文生律師
印　　刷：呈靖彩藝有限公司
初　　版：2015 年 12 月
二版 1 刷：2025 年 06 月
定　　價：400 元
I S B N：978-626-314-814-7（平裝）
　　　　　9786263148123 (EPUB)

國家圖書館出版品預行編目

自我的追尋：倫理學的心理探究 / 埃里希 . 佛洛姆 (Erich Fromm) 著；林宏濤譯 . -- 二版 . -- 新北市：木馬文化事業股份有限公司出版：遠足文化事業股份有限公司發行 , 2025.06
　面；　公分
譯自 : Man for himself.
ISBN 978-626-314-814-7(平裝)

1.CST: 佛洛姆 (Fromm, Erich, 1900-1980) 2.CST: 學術思想 3.CST: 哲學

145.59　　　114003187